# Estado civil: CANSADA

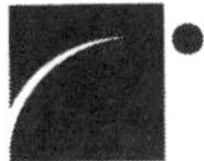

# Estado civil: CANSADA

## Ana Morales

La guía perfecta para pasar del
«yo puedo con todo» al «elijo cuidarme»

Rocaeditorial

Penguin
Random House
Grupo Editorial

Primera edición: enero de 2026

© 2026, Ana Morales
© 2026, Roca Editorial de Libros, S. L. U.
Travessera de Gràcia, 47-49. 08021 Barcelona



*Printed in Spain* – Impreso en España

ISBN: 978-84-10442-27-6
Depósito legal: B-19.566-2025

Compuesto en Grafime, S. L.

Impreso en Unigraf
Móstoles (Madrid)

RE42276

*A todas esas mujeres que viven una astenia primaveral eterna
y que han normalizado el cansancio como estilo de vida.
Podemos (y debemos) cambiarlo*

# Índice


*Introducción* .................................................... 17

**1. El cansancio es más cosa de mujeres (madres
o no madres)**.................................................... 23
El papel de cuidadoras (de todo el mundo) .............. 24
Nuestro cerebro es diferente y necesita más
descanso ............................................ 25
Nuestras emociones (y nuestras hormonas).............. 27
La autoexigencia (nos) agota ........................ 28
Expertas en pensamientos rumiativos .................... 30

**2. El club de las 5 de la mañana** ................................ 33
Levantarse pronto sin quitar horas de sueño .......... 35
El «café conmigo misma» y las horas
conscientes ............................................ 36
El ritual previo al sueño, a las 7 de la tarde .............. 38

**3. La culpa es un poco nuestra** ................................ 40
Apagar el piloto automático ........................ 41
Vivir en estado de alerta es como correr una
maratón ............................................ 43
Un cerebro poco razonable y creativo .................... 45

¿Por qué nos complicamos tanto la vida? ............... 47

Tiempo de ocio para nosotras ........................ 48

Hábitos para *reiniciar* el cerebro ........................... 50

**4. Cuando la búsqueda de perfección agota:
el dilema de las redes sociales** ........................ 52

La autoexigencia genera insatisfacción ................. 52

El síndrome de Instagram ........................ 54

El perfeccionismo alimentado por las redes
sociales ........................ 55

El olvido de nuestras necesidades ........................ 56

Cada día no puedes «llegar a todo» ........................ 57

**5. Aprender a delegar (aunque nos cueste)** ............ 60

Delegar es una herramienta de eficiencia ................ 61

Empieza por cosas pequeñas ........................ 62

No somos Superwoman, somos mujeres
maravillosas ........................ 63

Saber priorizar ........................ 65

Delegar para cuidarse ........................ 66

**6. El minimalismo emocional** ........................ 68

Simplificar acciones y decisiones ........................ 69

Lo que aprendí del minimalismo sueco ................ 70

Transformar lo rutinario en algo grande ................ 72

Las vacaciones no son la solución ........................ 73

El exceso de cosas cansa ........................ 74

Simplificar pensamientos ........................ 76

¿Y si no llego a todo? ........................ 78

Evitar la fatiga de decisión ........................ 79

Aprender a dejar cosas sin hacer ........................ 80

**7. Buscar momentos de soledad** ............................. 82

El cansancio social existe ............................. 83

Proteger nuestro tiempo libre............................. 85

La recarga física y mental ............................. 87

Disfrutar del silencio............................. 89

¿Cuidas lo que piensas? ............................. 90

Priorizar momentos solo para nosotras..................... 92

Desterrar la culpabilidad ............................. 93

**8. Más tiempo de calidad con amigos (y menos Instagram)** ............................. 96

Secretos de longevidad en las zonas azules del planeta ............................. 97

Las relaciones sociales son un seguro de vida ............................. 98

Las relaciones sólidas generan bienestar (y descanso) ............................. 99

Cosas insignificantes para estar mejor ............... 101

Una lista para cuidar las relaciones ............... 103

Otras formas de cuidar a nuestra red de apoyos (sin salir de casa) ............................. 104

Limitar el uso del móvil en los encuentros ............... 105

**9. Automatizar decisiones como qué ponerse cada día** ............................. 109

Elegir la ropa cansa ............................. 110

Cargas mentales que simplificar ............... 111

Facilitar la decisión de qué ponerse cada día ......... 113

Preparar un *batch* de looks el domingo por la tarde ............................. 114

Fórmulas para vestirse ............................. 115

Jugar con las categorías de ropa sin salir de la zona
de confort ............................................... 116
Cómo organizar el armario ......................... 117
Nuestra lista de básicos ............................. 118
Eliminar impedimentos .............................. 120
Combinaciones de ropa que dan paz mental ......... 121
El consumo consciente ............................... 122
La regla del 3 para comprar mejor ................... 123

**10. Rutinas domésticas que descansan
la mente** .............................................. 125
Liberar espacio en la mente ......................... 126
Las rutinas de mañana comienzan por la noche ..... 128
*Batch cooking* para mujeres cansadas ............... 129
Todo empieza al hacer la compra ................... 131
Una reserva saludable de alimentos preparados ..... 132
El dilema de las cenas ............................... 133
No obsesionarse con el exceso de información ...... 134

**11. El peso de la maternidad perfecta** ............. 136
Ser madre agota ..................................... 137
Una mezcla de información e intuición ............. 138
La disciplina positiva ............................... 139
Un gran error: la búsqueda de la perfección ......... 140
La virtud del punto medio ........................... 142

**12. Aprender a desconectar** ......................... 145
Un cerebro hiperestimulado ......................... 146
Las nuevas tecnologías no lo ponen fácil ............. 147
Desconectar al final de la jornada laboral ............. 150
Gestionar el email sin cansarse ..................... 151
4 estrategias realistas ............................... 153

**13. La mentira de la multitarea** ............................... 156

¿Cómo nos deshacemos ahora de la multitarea? .... 156

Las microparadas de dos minutos ......................... 158

Hacer varias cosas a la vez no es eficiente
(ni sano) ............................................................ 159

No hay supermujeres, sino mujeres estresadas........ 160

Estar ocupadas no debería ser tan gratificante ....... 161

Las consecuencias de la multitarea ........................ 163

Dejar de lado el *multitasking* ............................... 164

**14. La influencia de las hormonas** ........................... 167

Más cansadas que nuestras madres y abuelas ........ 168

Durante la etapa fértil ......................................... 171

Energía en la premenopausia y la menopausia ....... 174

Recomendaciones para cualquier edad .................. 175

**15. Cuando dormir se convierte en un reto** ............. 180

No nos tomamos en serio el sueño ........................ 181

La mala costumbre de robarle horas al sueño ........ 183

Nuestro sueño es diferente ................................... 185

El «mundo híper» nos impide dormir ..................... 186

¿De verdad necesitamos dormir ocho horas? ......... 188

Nuestra actitud ante la vida ................................. 189

Hábitos para mejorar la calidad del sueño ............ 189

**16. La queja constante agota** ................................... 192

Queja activa *versus* queja pasiva ......................... 193

No encontrar la validación en nuestro bienestar .... 194

El gran problema: nuestro valor está solo en lo
que hacemos ...................................................... 195

Quejarse para cambiar ......................................... 198

**17. Comidas que ayudan** .................................... 203

Mi yincana de malos hábitos nutricionales .......... 204

No solo cantidad, sino calidad nutricional ............ 205

Un error: comer demasiado ligero ...................... 207

Otro error: pocos macronutrientes ...................... 209

Las malas formas a la mesa ............................... 210

La falta de descanso nos hace comer peor ............ 211

Cambiar los malos hábitos ................................. 213

**18. A vueltas con el ejercicio** ............................ 218

Una tarea más de la lista .................................. 219

A menos músculo, más cansancio........................ 220

Práctica deportiva fácil y flexible ....................... 222

Vencer la pereza ............................................ 223

No solo entrenar en el gimnasio ......................... 225

¿Vale solo caminar?........................................ 227

Dormir menos no es una opción ......................... 228

**19. Que las exigencias estéticas no nos cansen** ...... 230

Simplificar el cuidado facial .............................. 232

Sin energía para desmaquillarte por la noche ........ 234

La escalera cosmética ...................................... 235

No te agobies ................................................ 237

**20. La magia (o no) del orden** .......................... 240

Paz mental y motivo de fricción ......................... 242

Cómo influye en el bienestar ............................. 243

Ordenar la casa sin dramas familiares ................. 244

5 estrategias fáciles ........................................ 247

*Epílogo*. Conclusiones de una mujer cansada
 aprendiendo a descansar .......................................... 251
*Agradecimientos* ...................................................... 259
*Fuentes documentales* .............................................. 263

# Introducción

Son las 5.30 de la mañana. Suena el despertador como cada día de lunes a viernes desde que me declaré (sin saberlo) miembro del club de las 5 de la mañana. Antes de conocer que levantarse al alba para intentar llegar a todo lo que me he propuesto tenía nombre de best seller —el que el experto en liderazgo Robin Sharma convirtió en libro en 2018 y posteriormente en fenómeno—, yo ya probaba las mieles de lo que cunde el día cuando lo comienzas a esas horas (siempre fui más de madrugar que de trasnochar). Lo de que «A quien madruga, Dios ayuda» admite muchas interpretaciones (y más cuando no eres creyente). Pero en mi caso, desde que compaginaba mis últimos años de carrera con mi trabajo a tiempo completo, era la única manera que encontraba para intentar «llegar a todo». Recién cumplidos los veinte ya tenía esa losa, como la mayoría de las mujeres en la actualidad, de aprovechar bien el tiempo para tener una carrera de éxito; un trabajo que me gustase; el tiempo y las ganas para ir al gimnasio porque generas muchas endorfinas; hacer planes con mi pareja/mis amigos/mi familia porque en las relaciones sociales está la clave de la felicidad...

Una lista de «tengo que» que las mujeres hemos asumido porque, dicen, nuestro papel en la sociedad ha cambiado.

Una lista que —sin ánimo de ser pesimista— va *in crescendo* a medida que pasan los años. Si ya a los veinte me «faltaban horas en el día» —qué expresión tan manida y tan cierta—, a los cuarenta y tres me levanto pensando, muchos más días de los deseables, en la hora de meterme en la cama, y eso cuando me siento optimista. Y directamente en la jubilación cuando tengo un mal despertar. No parece el mejor comienzo del día, la verdad. Digamos que vivo en una astenia primaveral constante todo el año. Y a juzgar por lo que veo a mi alrededor, el cansancio y el agotamiento extremo son el pan nuestro de cada día. Ahora, cuando preguntas a alguien qué tal está, no te responde bien, mal o regular, sino cansado o cansada.

Volviendo a mi particular lista de tareas, he sumado otras tantas cosas, muchas autoimpuestas, que hacen que haya días que no acaben nunca (otra frase popular entre nosotras, las mujeres cansadas). Ahora mi tetris mental y logístico se han complicado notablemente. Porque tengo hijas, un marido, una hipoteca que pagar… y el (simple) deseo de levantarme tan pronto simplemente para disfrutar del silencio o de un café en paz mientras mi familia duerme. No, no meto todas estas circunstancias en el mismo saco, simplemente se trata de una descripción de mi situación, y me atrevería a decir que es bastante similar a la de muchas otras mujeres. Y no pretendo demonizar la felicidad de la vida adulta, pero la realidad es que vivimos cansadas (como me dijo una compañera de trabajo a primera hora de un martes cualquiera en el que me lamentaba de lo agotada que estaba). Incluso el servicio de salud británico le puso nombre médico a la sensación eterna de cansancio que padecemos hombres y mujeres (TATT, *tired all the time*). Y los médicos no paran de recibir consultas sobre esa sensación que, tras los análisis y chequeos pertinentes, suele terminar afortunadamente en un diagnóstico de fatiga sin signos médicos que la justifiquen, más allá de un «alto nivel de estrés». Somos una sociedad cansada, hombres y mujeres lo estamos. El cansancio no es territorio exclusivamente femenino. Este libro aborda el caso concreto de las mujeres porque nuestro agotamiento es muy particular y en muchos puntos bastante diferente al que experimentan los hombres. Ellos también se sienten exhaustos, pero los condicionantes físicos, psicológicos, históricos y sociales que rodean a las mujeres son especiales.

El estrés cansa. Y cansa mucho. Y el cansancio genera estrés, mal humor y toma de decisiones incorrectas, en todos los aspectos, que desembocan en un círculo vicioso y peligroso que seguramente te suene. Te levantas cansada. A la una del mediodía, si no es antes, estás deseando que acabe el día. Pero como eso no ocurre, te atiborras a café con azúcar o edulcorantes artificiales aun sabiendo que son veneno, pero a veces no queda más remedio que ignorar esas presiones por hacerlo y comerlo todo bien. Comes regular y posiblemente bastante dulce para ir por la vía rápida, lo que te pone por las nubes el pico de glucosa. Y a veces incluso contestas mal a tu pareja, a tu madre o a tus hijos —ya se sabe, la confianza da asco— porque no te tienes en pie y todo te molesta.

Y sin afán de ser pesimista —tan solo un tanto irónica en este retrato robot de nosotras, las mujeres cansadas—, sumo a estos problemas del primer mundo que tanto cansan el deseo lícito de autocuidarse y cuidar lo que se come. Y el hecho de que para lograrlo también hace falta eso de lo que nuestra vida carece: tiempo. Por mucho que hablemos de organización y planificación, no siempre resulta fácil cocinar esa receta saludable y rica que triunfa en TikTok para la que necesitas ingredientes que no encuentras en el supermercado de al lado. Tampoco es fácil endulzarte el café con un edulcorante natural y no con la demonizada sacarina que, si bien no aporta calorías, inflama casi más que una Coca-Cola con mucho gas. Otra vez la falta de tiempo y de energía. En mi caso, en el que he consagrado mi vida a hablar de buenos hábitos y vida sana debido a mi trabajo como periodista de belleza y bienestar, la presión se multiplica. Porque, si bien creo en todo lo que escribo, a veces me resulta materialmente imposible cumplirlo.

A toda esta batería de inconvenientes de la vida moderna se suman —probablemente sea consecuencia y causa a la vez de ese ritmo frenético— los problemas de insomnio que acechan cada vez más a la mayoría de los mortales. Y eso deriva en muchas cosas, ninguna buena. Precisamente por todo eso en los últimos tiempos mi empeño es hacerlo todo fácil para aligerar la presión y la carga mental que me mantiene en alerta. Tal como me explicó la psicóloga María Jesús Álava para uno de mis artículos sobre el cansancio, ese agotamiento que se prolonga durante todo el día es resultado de vivir mecanizados y poco presentes. «Todo el tiempo que estamos dándole vueltas a algo que nos preocupa, tenemos nuestro organismo en situación extrema: muscularmente experimentamos una fuerte tensión; nuestro corazón está acelerado, hiperventilamos porque respiramos más rápido de lo normal [...]. Al final estamos literalmente agotados», me decía. Cuánta razón tenía, porque yo vivo prácticamente así desde que me levanto hasta que me acuesto.

Por eso, mi propósito desde hace algún tiempo es el de hacerme las cosas fáciles. Es dejar de perder tiempo y energía en pensamientos rumiativos, perdida entre dudas e indecisiones por querer hacerlo todo bien. Estoy entregada a simplificar mi vida (que en ocasiones yo misma complico) con gestos tan sencillos como vestir con básicos y dejar de experimentar con patrones que no me van porque, en mi caso, me estresa. Y tengo el propósito de hacerlo por mucho que mi madre, desde su perspectiva *colorful*, considere aburrido que vista siempre de negro o gris y se empeñe en hacerme cambiar de opinión cada Navidad regalándome un vestido estampado que sabe que voy a cambiar. Pero ella lo intenta (las madres somos así). Estoy entregada también a tener menos cosas en mi cuarto de baño —lo material también cansa y estresa— y a dejar de perder el tiempo en vacilaciones que no me suelen llevar a ninguna parte. Aunque, claro, no es fácil.

Parafraseando a la doctora Saundra Dalton-Smith —autora de lo más parecido a la biblia del descanso, *Sacred Rest*—, descansar no es solo algo puramente biológico. Esta experta, que adoctrina en el arte de aprender a descansar, divide los diferentes tipos de cansancio en siete categorías, y nos deja patidifusas a las que creíamos que solo había dos (el físico y el mental). Dalton-Smith habla del físico, el que se soluciona durmiendo, descansando en el sentido estricto de la palabra o con actividades como el yoga o un masaje. También del mental, que implica tomar pequeños descansos durante el día para oxigenar el cerebro y parar el *overthinking*, tener pensamientos casi siempre negativos todo el rato. Y suma otros cinco tipos de descanso menos habituales en el imaginario popular pero igual de necesarios: el sensorial, para huir del bombardeo de las pantallas y de la hiperestimulación de los móviles; el creativo, para dejar de estar en el modo «solucionar» o «crear», que se alcanza mejor en contacto con la naturaleza o escuchando música, por ejemplo; el emocional, que implica poner límites tanto a uno mismo como a los demás; el social, que supone estar con personas que nos recargan o simplemente solos; y el espiritual. Este último es, quizá, el más etéreo y difícil de materializar y tiene que ver con reconectar con nosotros mismos y con nuestro propósito de vida mediante agradecimiento, meditación, respiración consciente...

Por todo esto, este libro que tienes en tus manos es para nosotras, las mujeres que nos pasamos la vida intentando encontrar hábitos que nos aligeren el día a día, mientras por el camino perdemos la energía, esa que tenemos al límite. Los milagros no existen y no pretendo descubrir la fórmula mágica que nos ayude a hacerlo todo sin suspirar «Qué cansada estoy». Pero con la ayuda de psicólogos, nutricionistas, doctores especializados en sueño y descanso y expertos en bienestar, hormonas y entrenamiento vamos a intentar aliviarlos.

# 1

## El cansancio es más cosa de mujeres (madres o no madres)

Mi marido y yo nos levantamos prácticamente a la misma hora: él para salir a correr; yo para hacer *barre,* esa mezcla de yoga, pilates y ballet que está tan de moda (y que es la única actividad física que ha conseguido engancharme un poquito). Sí, hacemos mucho más deporte que cuando teníamos veinte. La necesidad obliga. Y nos vamos a la cama prácticamente a la vez, pero cuando nos sentamos en el sofá a ver la serie de turno, sabemos perfectamente lo que va a ocurrir: él será capaz de mantener los ojos abiertos y seguir la trama; yo cerraré los ojos, doblaré el cuello en una postura imposible con las gafas puestas y me perderé entre sueños profundos y hasta ronquidos a los cinco minutos. Por mucho que me guste la serie, el cansancio podrá con todo. No sin antes haber repetido durante la cena a modo de letanía: «Estoy agotada».

No quiero decir que mi marido no lo esté, pero hay una mezcla de carga mental, obligaciones, autoexigencia, sentido de la responsabilidad, contexto educacional y social y cuestiones meramente físicas y hormonales que explican que ese agotamiento sea, sobre todo, cosa de mujeres. Ellos también están cansados, pero la forma en que nos sentimos exhaustas, seamos madres o no, difiere de la que experimentan ellos.

## El papel de cuidadoras (de todo el mundo)

Uno de los debates candentes en cualquier manifestación escrita, oral o por redes sociales está relacionado con la expresión de este estado de agotamiento cuando no se es madre. Míriam Aguilar en su cuenta de Instagram @holasoymir —también es autora del libro *¿Y ahora qué?*— lo expresaba así de bien en uno de sus posts: «No necesitamos ser madres para encajar en la sociedad. No necesitamos ser madres para poder quejarnos de lo cansadas que estamos cuando lo estamos». Una reflexión que provocó cientos de comentarios de otras mujeres que se habían sentido mal por decir que estaban cansadas sin ser madres. Con toda la razón. Cada mujer, con hijos o sin hijos, tiene sus circunstancias y sus necesidades y, por supuesto, todo el derecho a expresar que se siente A-G-O-T-A-D-A. Porque lo está, porque lo estamos.

Aunque el cansancio no es exclusivo de las mujeres, ciertos condicionantes físicos y una particular manera de tomarnos las cosas hacen que ese nivel de cansancio sea más acusado entre nosotras. Si a eso le sumamos el papel de cuidadoras que tenemos interiorizado, parece que hablar de cansancio femenino tiene todo el sentido. Aitana Sánchez Gijón lo explicó así de bien durante una entrevista en *La Voz de Galicia*: «Esa vocación de servicio, de cuidadoras, termina pasando factura a las mujeres». Hablamos de sostenedoras de la familia como hijas, como hermanas, como amigas. Nos gusta cuidar y nos sentimos con la responsabilidad de hacerlo, pero a veces con exigencias de más.

Y además están las evidencias físicas. Por un lado, los todopoderosos bailes hormonales que nos afectan en diferentes etapas de la vida y se agudizan a partir de los cuarenta. Como me confirma la farmacéutica Marta Masi, especializada en temas de menopausia (ella padece menopausia precoz), «el cansancio extremo es una sintomatología bastante común en mujeres en perimenopausia. Ese desajuste hormonal produce fatiga y baja energía; además, con la privación del sueño en muchos casos debido a sofocos e insomnio, afrontar el día a día suele hacerse cuesta arriba. Esto, sumado a la sintomatología asociada a esta etapa, encrudece el desarrollo normal diario». No lo tenemos fácil, la verdad.

## Nuestro cerebro es diferente y necesita más descanso

Por otro lado, algunos estudios afirman que nuestro cerebro no es igual y que, por tanto, necesitamos descansar más que los hombres (gran paradoja). Quizá el que mejor lo explique sea uno llevado a cabo por el Centro para la Investigación del Sueño de la Universidad de Loughborough (Inglaterra) que afirma que las mujeres necesitamos dormir más —concretamente unos veinte minutos— porque usamos y desgastamos más el cerebro.

He preguntado sobre este dato a la neurocientífica Ana Ibáñez, autora de un libro maravilloso, *Sorprende a tu mente,* con el que es un poco más fácil entender los mecanismos de nuestro cerebro. Y me confirma que las mujeres podríamos necesitar algo más de descanso porque nuestro cerebro tiene una mayor facilidad para la multitarea, esa supuesta virtud de la que durante mucho tiempo hemos presumido pero que claramente ha jugado en nuestra contra.

Que nosotras tengamos una mayor tendencia al *multitasking* no es tanto una condición genética que venga de serie, sino más bien el resultado de nuestra plasticidad cerebral. Esta nos ayuda a adaptarnos a las demandas de nuestro entorno, y, como tan gráficamente expresa Ana, hace que nuestro cerebro sea capaz de pasar «de una emisora a otra con cierta agilidad». Pero, amigas cansadas, aunque hayamos desarrollado esa habilidad y nuestro cerebro sea capaz de adaptarse a casi todo, la realidad es que cansa. No solo a nosotras, sino a nuestro cerebro, que cuando está enfocado en algo necesita «bajar el volumen de los estímulos porque cuando salta de una tarea a otra constantemente gasta energía adicional en esa transición», recalca Ana. Así que, aunque nos hayamos creído superheroínas por resolver varias cosas a la vez —imagina una escena típica de tu día en la que mientras estás en una reunión respondes mensajes de WhatsApp para organizar el cumpleaños de uno de tus hijos y haces la compra por Amazon creyendo que estás ahorrando tiempo—, la realidad es que ese estado es responsable, en buena parte, de la sensación de cansancio que arrastramos. Las cosas, como decían en el colegio (aunque no haya calado en nosotras), siempre es mejor hacerlas de una en una.

Precisamente por eso, si adoptamos el prefijo *multi* como estilo de vida, dedicar más tiempo al sueño es fundamental, no solo para sentirnos descansadas y de buen humor, sino porque permite que el cerebro recupere energía, que active su modo de lavado profundo para eliminar los residuos acumulados y restaure su capacidad de concentración. «El sistema glinfático, por ejemplo, es como el equipo de limpieza del cerebro, y solo funciona a tope cuando estamos dormidos. Este proceso elimina los residuos que pueden afectar a nuestra memoria, al estado de ánimo, e incluso se ha relacionado con un menor riesgo de enfermedades neurodegenerativas como el alzhéimer», explica Ana.

Por tanto, aunque no hay evidencia científica de que las mujeres necesitemos dormir más por una cuestión de estructura cerebral pura y dura, la realidad es que pretender hacer tantas cosas, y la mayoría de ellas a la vez como si fuesen tareas encadenadas —yo soy incapaz de terminar de hacer una sin pensar en la que viene después—, justifica que necesitemos dormir unos minutos más que ellos. Es la forma que tienen el cerebro y el cuerpo de decirnos que nos estamos pasando.

## Nuestras emociones (y nuestras hormonas)

Hay otra realidad científica que confirma Ana Ibáñez: la mayor actividad en el sistema límbico que suele observarse en el cerebro femenino. Ese sistema es responsable de las emociones y, efectivamente, tiende a activarse más en las mujeres, lo que podría explicar por qué experimentamos las emociones con mayor intensidad y somos más sensibles al estrés. Como refrenda esta experta, a esta predisposición se suma una tendencia a la ansiedad que se presenta con mayor frecuencia en nosotras y que nos lleva a anticiparnos, preocuparnos y repasar una y otra vez nuestras decisiones, de forma que creamos un ciclo que nos hace sentir atrapadas.

Y recalca la influencia hormonal ya comentada por Marta Masi, no solo durante la menopausia y la perimenopausia, sino en todas las etapas de nuestra vida, donde los cambios en los niveles de progesterona y cortisol repercuten en esa sensación de fatiga: «A esto se suma el impacto de las toxinas ambientales, como los disruptores endocrinos, que afectan a nuestro organismo de forma silenciosa pero significativa. Estas toxinas pueden alterar la función tiroidea desencadenando síntomas de cansancio, fluctuaciones de peso y bajo estado de ánimo, lo cual empeora esa percepción de agotamiento y dificulta nuestra capacidad de afrontar los desafíos».

Así, el círculo vicioso se cierra: tendemos a la multitarea, vivimos todo con más intensidad, somos víctimas de vaivenes hormonales y factores ambientales, y la carga social y autoimpuesta no nos deja descansar todo lo que deberíamos. Está claro que descansar es necesario y no negociable, pero no suele llegar de la forma idílica en la que deberíamos hacerlo. Es decir, con las consabidas horas de sueño necesarias para estar centradas, sin cantidades elevadas de estrés, sin vivir en la hiperconectividad constante.

## La autoexigencia (nos) agota

Otro factor que hay que tener en cuenta son nuestras circunstancias emocionales como mujeres. No somos iguales que los hombres y, en general, no nos tomamos las cosas como ellos. Puede sonar tópica esa frase tan de madre cuando habla de las diferencias entre niños y niñas, pero en cierta medida nosotras «nos complicamos más». La psicóloga Bárbara Tovar, a la que conocí durante una de sus maravillosas ponencias durante un evento de prensa, considera que las mujeres poseemos un mayor rasgo de perfeccionismo y que nuestra autoexigencia es mucho más elevada en general. La razón, según ella, tiene que ver también con la evolución histórica y en cómo hemos ido desempeñando todos esos papeles de cuidadoras de hijos, mayores y enfermos, hemos asumido también la logística del hogar (y la siempre omnipresente presión estética) y en las últimas décadas el rol profesional. Sin delegar ninguno. Y claro, toda esa lista de quehaceres que hemos incorporado sin renunciar a nada agota. Y mucho.

Este es nuestro gran problema: lo queremos todo y nos exigimos sin compasión. Mucho más que a los demás, nos exigimos a nosotras primero y somos poco compasivas con nosotras. De hecho, siempre que me torturo por algún error que cometo —algo que sucede casi a diario— pienso en esa pregunta de los psicólogos sobre si hablaríamos así a otra persona cuando se equivoca. Y la respuesta es que, si dijera en voz alta todos esos reproches que me estoy haciendo y me pusiera en el papel de decírselo a una amiga, me sentiría malvada. Sin embargo, como me lo digo a mí misma, no pasa nada. Nos hemos acostumbrado a hablarnos así.

Con todos los expertos sale a relucir siempre esa autoexigencia de la mujer. Para Bárbara «está conectada al amor y la culpa. Ser guapa para ser amada; ser buena cuidadora para ser buena madre; ser buena en el hogar para que la familia se sienta orgullosa de ello. Y así sucesivamente. Y si no logramos todos esos hitos la sensación es de culpa. Hemos tenido que luchar muy duramente para ser y estar en ámbitos que solo pertenecían a los hombres, y esto ha tenido efectos secundarios a largo plazo. El sentimiento de culpa es una constante y, lo que es peor, hemos inculcado en nuestro ADN el sacrificio y el esfuerzo sin abandonar los roles anteriores. Por lo que la multitarea se ha vuelto imprescindible para poder atender tal variedad de tareas».

Y eso nos agota. Por eso hablamos de agotamiento especialmente en mujeres. Además, como dice mi querida Bárbara, las mujeres no estamos acostumbradas a cuidarnos, sino a cuidar. Estamos más entrenadas en el dar que en el recibir. Hemos convertido en inercia esa tendencia a la protección ajena descuidando la nuestra. Eso es algo que tiene que cambiar: autocuidarnos es necesario y aprender a hacerlo, sin sentimientos de culpa de por medio, también.

## Expertas en pensamientos rumiativos

Aún existe otra cosa que nos cansa, y es una habilidad especialmente femenina en la que nos movemos como peces en el agua: el *overthinking,* la rumiación, estar todo el rato pensando en si podía haberlo hecho mejor, si debería haber contestado otra cosa en el trabajo, si debería haber actuado de otra manera con una amiga. Los «y si» que tanto torturan y que tanta energía restan. Varios estudios han confirmado que son mucho más frecuentes en mujeres que en hombres. Mientras preparaba una charla sobre salud mental que tuve la suerte de moderar en las oficinas de Condé Nast para compañeros de trabajo —y en la que estuvo Bárbara—, di con un estudio llevado a cabo entre estudiantes de la Universidad Autónoma del estado de Hidalgo de México sobre pensamientos rumiativos y su correlación de género. Lo llevaron a cabo con quinientas personas, mitad hombres, mitad mujeres. Y confirmaron que las mujeres mostramos el doble de respuestas rumiativas que los hombres, ya desde la adolescencia.

Desde que somos prácticamente niñas ya tenemos en la cabeza esas ideas repetitivas, intrusivas y pasivas que nos hacen cuestionarnos casi todo. En el terreno psicológico, esa rumiación se considera una respuesta de control. Es decir, cuando tenemos muchas cosas en la cabeza o vivimos situaciones que no podemos controlar, elegimos ese runrún en forma de pensamientos con los que no paramos de dar vueltas a las cosas, porque creemos que así podemos encontrar la solución o asimilar el problema. Y como me confirma Bárbara, ese proceso aumenta en función de nuestra actividad diaria: a más estrés o sobrecarga de tareas, mayor probabilidad de desarrollar pensamientos rumiativos.

Ante esta acumulación de causas que explican nuestro agotamiento generalizado —no estamos solas—, es justo buscar una solución que nos acerque a una sensación lógica de bienestar. Y digo *lógica* porque puede que no lleguemos a tener un sentimiento de descanso pleno un miércoles cualquiera en el que la lista de tareas se acumula en nuestra agenda de forma directamente proporcional al estrés que ocasiona saber que se tiene «todo eso por hacer». Pero se trata de que al menos tratemos de cambiar ciertas rutinas para estar más cerca del ansiado bienestar. Y más lejos de esa sensación de falta de energía que hemos normalizado y aceptado con resignación porque «Es lo que toca con este ritmo de vida».

Por eso me quedo con la recomendación de Bárbara: intentar construir una relación de autocuidado. De la misma manera que siempre hemos sido empáticas, generosas y amables con los demás, seámoslo con nosotras mismas. Se trata, como dice esta psicóloga, «de construir una relación sana con nuestro equilibrio, con nuestra calma, y crear vínculos donde las responsabilidades estén balanceadas. Y donde entrenemos no solo el dar, sino también el recibir, sin culpa». Es cierto que priorizar el autocuidado puede sonar a utopía inalcanzable, pero como dice esa frase que se hizo viral en plena pandemia: «El autocuidado no es un lujo, sino una prioridad». Es fundamental que busquemos algunos momentos para nosotras a lo largo del día.

Todo esto me lleva a reflexionar mucho sobre la actitud que tengo hacia la vida, pero sobre todo sobre la que tengo conmigo misma. La verdad es que, a mis cuarenta y tres años, aún no he conseguido convertirme en mi mejor aliada. Y, como dijo la diseñadora Diane von Furstenberg: «Cuando una mujer se convierte en su mejor amiga, la vida es más fácil». Creo que tiene toda la razón: si me hablara o me entendiera a mí misma igual que a las mujeres que me rodean, todo sería mucho más sencillo.

# 2

# El club de las 5 de la mañana

Podría considerarme una «embajadora del club de las 5 de la mañana», pero no lo hago del todo bien. Soy una *morning person*. Recién levantada a las cuatro de la mañana si hace falta, puedo avanzar con ese artículo que no he conseguido acabar y ser fiel a mi minisesión de *barre* en el salón de casa mientras escucho las explicaciones en diferido de mi profesora británica (porque así aprovecho y mato dos pájaros de un tiro: a la vez que me ejercito, hago de oyente de lo que podría ser una clase improvisada de inglés). La cuestión es no perder ni un minuto y aprovechar mi pico de energía matutino —claramente soy alondra y no búho— para hacer todas esas cosas que quiero hacer. Soy una mujer del siglo XXI que cuida su carrera profesional, que intenta tener una relación hiperperfecta con sus hijas, a las que a veces deja notitas en la mesa del desayuno para «crear recuerdos» —entiéndase la ironía—, que quiere tener tiempo para cuidar su mente y su cuerpo...

Y la única manera que he encontrado para hacer todo eso es levantarme a una hora que, cuando lo cuento, suele provocar el arqueo de ceja de mis interlocutores, a quienes les parece exagerado levantarse tan pronto. Y tienen razón.

Siempre les respondo que por la noche no rindo, que me cunde mucho a esa hora —*cundir,* otro verbo peligroso para nosotras, las mujeres cansadas— y que me gusta disfrutar del silencio cuando todo el mundo duerme. Y no miento. Creo con fervor en todas esas respuestas. Sin embargo, también creo que me estoy equivocando porque hay días que mi energía se diluye a las 9 de la mañana y se agota por completo a las doce, cuando queda casi todo el día por delante.

Por no hablar del efecto contraproducente que puede tener desear con todas tus fuerzas encontrar un rato para ir al gimnasio, porque te has levantado pronto y así debería ser, y no conseguir cuadrar el horario porque tienes una reunión, ha surgido un imprevisto o tu pareja no ha llegado a tiempo para darte el relevo en casa y que puedas ponerte las mallas y echar a correr o hacer posturas imposibles en una clase de yoga. Queremos hacer ejercicio —eso nos han dicho—, no tanto por estar en forma o porque disfrutemos el momento de darlo todo en la elíptica o en una clase de pilates, sino porque sabemos que es bueno para la salud y para la mente.

Es cierto que podría abandonar este club al que nunca me sumé de forma consciente ni voluntaria. Pero entonces «No me daría la vida», otra expresión popular que repetimos sin parar en un bucle infinito que se retroalimenta de quehaceres (algunos autoimpuestos porque no sabemos parar la rueda), ansiedad y cansancio. Mucho cansancio. Y aunque los creyentes de esta teoría defienden que no se trata de quitarse horas de sueño, no estoy siendo la mejor embajadora de esta apuesta por empezar el día pronto, porque lo acabo tarde y mal.

## Levantarse pronto sin quitar horas de sueño

Durante una presentación de prensa de una marca de belleza dedicada al bienestar, un experto en sueño, el doctor Neil Stanley, afirmó con toda la razón del mundo que «no nos tomamos en serio el sueño». Algo difícil de entender ya que, además de todas sus ventajas saludables, el sueño tiene otra más evidente y mundana: «Dormir es un placer, deberíamos querer dormir. Cuando duermes poco, no eres una persona atractiva con la que convivir», afirmó Neil mientras yo me planteaba si al día siguiente debería levantarme más tarde, dejar mi clase de *barre* y de alisarme el pelo y dormir un poco más para convertirme en esa persona descansada, agradable y con capacidad de concentración.

Pero mientras me replanteo abandonar este club del que soy miembro a medias, la lista de tareas impuestas y autoimpuestas martillea mi cabeza. Y las cuentas me siguen sin salir. O me levanto a las 5.30 para «llegar a todo» (aunque me equivoque) o empiezo a renunciar a cosas. Qué difícil renunciar a esa autoexigencia que nos persigue.

Menos mal que no todo el mundo entiende este club como yo. Hay muchas personas sanas, con buen carácter y carreras de éxito que están totalmente convencidas de las bondades de levantarse a esta hora, porque se acuestan pronto y no se quitan horas de sueño. Lo hacen bien. Y sobre todo porque no se levantan en piloto automático con mis prisas y mi afán de productividad constante bien alto. Ellas aprovechan ese rato de paz y silencio. Esto es lo que le ocurre, por ejemplo, a la estilista María Roberts. La sigo en redes sociales desde hace mucho tiempo, es una de las mejores peluqueras de nuestro país. Durante una cena de trabajo descubrí que ella también se levanta muy pronto y está plenamente convencida de sus ventajas, pero lo entiende desde una perspectiva más sana y consciente.

Actualmente dirige cuatro peluquerías (tres en Madrid y una en Ibiza); es estilista de varias actrices que la adoran (y con razón) y fue madre de Darío —«Lo mejor de mi vida», dice con efusividad— a los diecinueve años. Y hace todo esto con pasión, un carácter encantador y levantándose a las 5.30 siempre que puede. Aunque se ha leído el libro de Robin Sharma y conoce bien los principios, asegura que no pertenece al club de las 5 de la mañana. Simplemente ha ido adaptándose a levantarse a esta hora y no le cuesta hacerlo, pero como no es radical, le da a su cuerpo lo que necesita en cada momento y, si un día necesita dormir más, lo hace. María es un poco de las mías, le gusta levantarse con la casa en silencio, le compensa el madrugón por la calma que le aporta. «Son lo que llamo "mis horas conscientes", lo hago todo desde la calma. Luego vivimos tan deprisa que se esfuman las cosas bonitas y para mí esos momentos al despertar me sirven para agradecer, para pensar en mí y en lo que quiero hacer, también para focalizar. Desde que me levanto y hasta que se despierta mi hijo, son dos horas para mí, es una rutina de bienestar», me cuenta con su voz templada un viernes a las 8 de la mañana, cuando las dos ya llevamos un buen rato en pie.

## El «café conmigo misma» y las horas conscientes

Del discurso de María Roberts me quedo sobre todo con un concepto que, para las madrugadoras como yo, define a la perfección el placer de levantarse temprano: el «café conmigo misma». Es nuestro momento de paz, y mientras me explica cómo organiza sus mañanas tempranas (algunos días con ejercicio, otros con repasos a tareas profesionales), me acuerdo de lo feliz que soy —puede sonar exagerado, pero incluso las personas que detestan madrugar lo pueden llegar a entender— cuando enciendo la cafetera y sé que en los próximos minutos voy a estar sola. En silencio y sin interrupciones, disfrutando de ese primer café antes de que el ritmo del día (y yo misma) me lleve por otros derroteros. Me da cierta paz saber que cuando se levanten mis hijas o mi marido, ya estaré casi preparada para el día, que incluso un sábado o en vacaciones soy la primera en levantarse, salvo cuando mi hija pequeña decide que las siete de la mañana ya es buena hora para comenzar el fin de semana.

Digamos que cada uno encuentra esos ratitos de cierta reflexión y quietud, y los míos suelen suceder cuando el resto duerme y el día aún no ha arrancado. Como dice mi querida María, vivimos tan rápido que desperdiciamos muchas cosas bonitas del día a día. Y aunque apreciar y agradecer no tiene por qué suceder a las 5 de la mañana (café mediante), en mi caso es cuando pasa. Y también para María, que confirma sin titubeos que lleva cuatro años levantándose antes y nota que su capacidad de organización y planificación ha mejorado, pero sobre todo su nivel de consciencia y calma. Pero hay que hacerlo bien, y mi propósito es aprender de ella, que se levanta pronto porque se acuesta pronto, entre otras cosas porque ha dejado de ver películas por la noche para disfrutarlas durante el fin de semana. Y ha dejado de hacer *scroll* infinito al meterse en la cama para dormir las horas necesarias. Ahí está la clave.

## El ritual previo al sueño, a las 7 de la tarde

Robin Sharma, el creador de este club, no defiende quitarse horas de sueño, sino levantarse pronto, pero acostándose pronto, así como cenar ligero y a las 7 de la tarde practicar un «aislamiento de la hiperestimulación abandonando los dispositivos electrónicos de cualquier tipo». También habla de la sobremesa con la familia; meditar o leer para ponerse en «modo off»; practicar la gratitud nocturna y, a partir de las 9, prepararse para dormir. Está claro que, si se cumple su planteamiento, que él llama «el ritual previo al sueño de los productores de élite», no resta horas de descanso y permite aprovechar la energía y, por tanto, la productividad. Sobre todo cuando se tiene un cronotipo matutino, cuando nuestro cuerpo está más predispuesto a hacer cosas que consideramos importantes y los picos de energía tienen lugar a primera hora del día.

He aquí el quid de la cuestión de este club del que no podemos empeñarnos en formar parte si tenemos un cronotipo vespertino, cuando se rinde mucho mejor por la noche y se necesita prolongar el descanso por la mañana. O intermedio, en el que suele situarse el 50 por ciento de la población, es decir, aquellas personas que tienen su pico de energía en las horas intermedias del día y tienen una necesidad clara de irse a la cama sobre la medianoche.

Si eres más alondra, podrías formar parte de este selecto club, pero sin cometer los errores que he cometido yo. Sin restar horas de sueño. Sin acostarte tarde, previa serie de Netflix o *scroll* infinito en Instagram o TikTok (por cierto, dicen que el *scrolling* es el nuevo tabaco). Y sin pensar solo en levantarte pronto para hacer cosas productivas como tradicionalmente las entendemos. Hemos relacionado la productividad con rendimiento en el trabajo, pero Robin habla de levantarse pronto para hacer cosas que favorecen nuestro crecimiento personal (y no solo el profesional) y priorizar el autocuidado, ya sea con ejercicio físico, lectura, pódcast, un desayuno tranquilo y un poco de gratitud. No tiene por qué ser a las 5 de la mañana. Se trata simplemente de entender el mensaje y no afrontar la vida como una carrera de fondo para llegar a todo.

# 3

# La culpa es un poco nuestra

En mi búsqueda de titulares con alusiones al cansancio y estrés que experimentamos, doy con uno de la edición digital de *El País* que me escalofría: «Más trabajo, más ansiolíticos. La economía va bien, nuestras vidas no tanto». En este artículo se reflexiona sobre cómo reducir la jornada laboral a cuatro días influiría en el bienestar del trabajador y en beneficio de la empresa. Pero lo más llamativo: los trabajadores españoles son los que más ansiolíticos toman del mundo. Me asusta la afirmación, así que googleo y doy con estudios igual de alarmantes, como uno de 2023 de la Universidad Autónoma de Barcelona que afirma que uno de cada cuatro trabajadores toma ansiolíticos.

Esto me recuerda a que hace tiempo una amiga farmacéutica, en una de las múltiples conversaciones sobre cansancio que tengo con las mujeres de mi alrededor, me sacaba a relucir algo parecido: el consumo de estos medicamentos sube de forma exponencial los domingos. Una vez más, el trabajo, o más bien el estrés laboral, vuelve a tener gran parte de culpa. Y precisamente por eso ya hablamos del síndrome del domingo por la tarde. Sí, esas sensaciones de pereza, apatía, desgana y, a veces, hasta tristeza, que pueden aparecer cuando se termina el fin de semana, tienen nombre y hasta son motivo de consulta en las sesiones de los psicólogos, que advierten que no deberían normalizarse porque podrían ser síntoma de otros problemas.

## Apagar el piloto automático

Sobre la gestión que hacemos del cansancio, la reflexión simplista sería que, para acabar con él y con el estrés, habría que dejar de trabajar. Como esto no es posible para la mayoría de los mortales, toca entonar un poco el *mea culpa*. Porque ese nivel de agotamiento crece de forma proporcional a ciertas malas praxis del ritmo de vida actual. Y, sobre todo, porque vivimos en modo automático prácticamente todo el día.

En otra conversación con Bárbara Tovar, me dijo algo que me gustaría ser capaz de poner en práctica. Desde que me levanto hasta que me acuesto hago la mayoría de las cosas movida por las prisas, el estrés y la queja constante del «Tengo mucho que hacer» (hay muchos expertos que hablan de prisa crónica). Me muevo por casa corriendo como si estuviera en una maratón y hasta murmurando (y farfullando) por todo lo que me queda por delante: «No me voy a poder sentar ni un rato». Y eso lanza un mensaje muy negativo a mi cerebro, que se mantiene en estado de alerta constante, con el consiguiente agotamiento del cuerpo que implica vivir como si fuera el último día de tu vida. Durante esa conversación, Bárbara me invitaba a hacer de forma consciente pequeñas cosas que practicamos a diario y disfrutarlas más.

Hablaba de cosas mundanas: por ejemplo, de disfrutar de la sensación que proporciona la ducha de la mañana cuando se presta atención al momento y no solo al hecho de enjabonar el pelo de la manera correcta para que dure más tiempo limpio. Disfrutar estos dos minutos de agua caliente cayendo por el cuello y la cara, cerrando los ojos conscientemente (otra palabra manida, porque somos de todo menos conscientes de nuestra vida), «es como estar un poco de vacaciones», me decía. Como afirma otra experta a la que admiro mucho, la psiconutricionista Itziar Digón, se trata de «convertir en extraordinario lo ordinario», para precisamente dejar de castigar a nuestro sistema nervioso y a nuestro cerebro como si tuvieran que defenderse de algo constantemente.

Marta Masi, que padece fibromialgia, tal y como ella misma ha contado en varias ocasiones, es un ejemplo de persona que sabe darle la vuelta a la tortilla y formar parte activa de su bienestar. Cuando le pregunto por sus hábitos para llevar una vida dinámica pese al dolor silencioso que ocasiona esta enfermedad, ella insiste en la importancia de la motivación para todo. Tener ese propósito del que tanto hablamos le hace seguir adelante y no quedarse en la cama, que es lo que el cuerpo le pide algunos días. «Lamentarte de ti misma es la peor medicina. Para mí lo mejor es ser positiva y sentirme realizada», me dice con la efusividad que la caracteriza. Y aunque tiene otras estrategias prácticas para mitigar ese cansancio crónico que padece —buena alimentación, complementos alimenticios y un sofá en el despacho de su farmacia que le permite hacer pequeños descansos de diez minutos cada dos horas—, para ella lo más importante se resume en una cuestión de actitud.

El ritmo frenético y el estrés producen una elevada concentración de cortisol, y eso nos lleva a vivir en un estado de alerta continuo. Y si no lo controlamos y se mantiene en el tiempo, podemos desarrollar problemas de todo tipo: insomnio, malestares digestivos, falta de concentración, tensión, ansiedad... Por eso es importante la actitud y tomar cartas en el asunto. Puede sonar tópico decir que la causa de casi todo lo que nos ocurre es estrés, pero es el causante de muchos de nuestros males. Vivir cada día como si nos persiguiera un león o como si fuera el último día de nuestra vida —es como vivo yo algunos días— acaba pasando factura. Por eso Marta me insiste tanto en la importancia de los hábitos clásicos: deporte, sueño, buena alimentación. Y, sobre todo, en la necesidad de practicar el autocuidado; no paro de instar a mis amigas a practicarlo (aunque yo nunca vea el momento de ejercitarlo).

## Vivir en estado de alerta es como correr una maratón

La psicóloga María Jesús Álava, autora de libros tan maravillosos y eficaces como *La inutilidad del sufrimiento*, me explica que este cansancio viene determinado, en parte, por un estado de alerta y preocupación constante. Y ese nivel de exigencia tan alto nos lleva a una situación de tensión permanente con un desgaste físico real y atroz. Que a mitad del día sienta la misma extenuación que si hubiese estado corriendo con un toro detrás de mí durante horas y cuesta arriba (no lo he hecho nunca, pero me lo imagino) no son fantasías mías. Tenemos el sistema nervioso autónomo disparado, y la sensación de cansancio físico es real como la vida misma: «El estar dándole vueltas y exigiéndonos provoca un desgaste a nivel físico salvaje. Podemos haber estado sentadas una hora en una mesa, pero esa hora es equivalente prácticamente a haber pasado un día entero corriendo», afirma esta psicóloga de la manera más gráfica posible.

Me identifico con cada una de sus palabras porque es algo que experimento muy a menudo. Demasiado a menudo. Casi todos los días de lunes a viernes, y bastantes fines de semana en los que se acumulan también los «tengo que» en forma de objetivos de orden y limpieza en casa, me siento agotada y en estado de alerta incluso en mi tiempo libre. Y por las conclusiones que saco tras hablar con María Jesús, es algo generalizado: la autoexigencia tan alta nos hace estar cansadas, y el no concedernos descanso para nosotras mismas, llenando todas las horas con cosas que hacer, nos hace estar permanentemente en alerta e inevitablemente pasa factura en forma de cansancio, no solo mental, sino también físico. Por no hablar de la irritabilidad a nivel psíquico y «el desplome de nuestro control emocional», tal y como lo define ella. Que a las 8 de la tarde me moleste casi hasta que me digan «Buenas tardes» y preparar una cena rápida sea un suplicio porque mis niveles de energía están por los suelos no es casualidad.

Las palabras de María Jesús me consuelan, ya que abren un pequeño resquicio a la posibilidad de cambio y mejora. La culpa de esta extenuación también es un poco mía. Y diría que nuestra, porque esta forma de vivir es muy propia de las mujeres del siglo XXI. Creímos que podíamos llegar absolutamente a todo, sin renunciar absolutamente a nada. Y nos estamos equivocando. Como diría una amiga mía, «nos estafaron», y puede que sea el momento de empezar a dejar de hacer cosas o asumir que no siempre se pueden ejecutar con el nivel de excelencia que hemos normalizado: no pasa nada si un día el desayuno de mis hijas no es un bizcocho casero. Tampoco si la cena del próximo sábado en casa con amigos es a base de tortillas encargadas por Glovo. Y ni mucho menos si llegar a la clase de pilates me pone el cortisol por las nubes porque el encaje de bolillos que tengo que hacer para llegar a tiempo es monumental. Otro día será.

## Un cerebro poco razonable y creativo

La neurocientífica Ana Ibáñez me da otra explicación muy parecida cuando, en mi intento por entender la fatiga femenina, le pregunto por la manera en la que influyen nuestras condiciones cerebrales en esa forma que tenemos de tomarnos la vida casi como si no hubiese un mañana. Y con su respuesta vuelvo al mismo punto: más allá de la falta de sueño o del ritmo de vida, este agotamiento tiene mucho que ver con la autoexigencia constante y ese estado de alerta en el que vivimos. Todo ello afecta a nuestro cerebro, que tiene que estar siempre de servicio, de guardia, muy atento, como un soldado haciendo imaginaria. Y eso consume muchas cantidades de energía.

He aquí la explicación científica que bien podría describir una situación cualquiera de mi día a día: «El cerebro responde al estrés activando una zona llamada amígdala, que es como la alarma del sistema. Cuando está en marcha, nos mantiene en alerta, generando frecuencias cerebrales de tipo hibeta, que se asocian a la preocupación y al intento de prever situaciones difíciles. Este estado constante de hiperalerta agota tanto física como mentalmente, y además tiene otra consecuencia: la amígdala *apaga* otras áreas del cerebro, como el córtex prefrontal, que es la zona encargada de razonar, ser creativos y mantener la calma. ¿Resultado?

Entramos en un bucle donde la falta de claridad mental nos hace sentir más ansiedad y nos deja sin fuerzas», resume Ana Ibáñez.

Efectivamente, soy incapaz de dejar de preocuparme y de preverlo todo, y así dejo a mi cerebro agotado y a mí misma con un estado de ánimo por los suelos que suele traducirse también en mal humor. A lo que hay que sumar otro hecho físico: el sistema límbico, responsable de las emociones, tiende a activarse más en las mujeres. Y he aquí la explicación lógica a que vivamos todo más intensamente y mayor estrés. Con el hándicap añadido de querer hacerlo todo M-Á-S-Q-U-E-P-E-R-F-E-C-T-O.

Esos días (la mayoría en la vida de las mujeres cansadas) en los que nos pasamos las horas intentando resolverlo todo, atentas a cada detalle y con el afán de hacerlo perfecto, tenemos el sistema de alerta del cerebro activado, consumiendo mucha energía (mucha más de la necesaria) y generando esa sensación de agotamiento constante de la que nos lamentamos. Y, como dice Ana, incluso si logramos dormir bien, la mente sigue en estado de vigilancia y el cansancio persiste: «Nuestro cerebro es maestro en supervivencia, pero no tanto en felicidad. Está diseñado para detectar amenazas y no para *desconectar,* lo que nos lleva a una vigilancia constante, especialmente en una sociedad que exige tanto de nosotras. Este ciclo puede hacernos sentir agotadas y ansiosas, y si a esto le sumamos la autoexigencia y el perfeccionismo, el cerebro entra en un estado de alerta crónica. A largo plazo, ese estrés constante desgasta, afectando nuestra memoria, concentración y hasta nuestra energía vital», explica.

## ¿Por qué nos complicamos tanto la vida?

A menudo tengo la sensación de que nosotras nos complicamos más en general. Y no quiero caer en tópicos, pero creo que es así. Le damos más vueltas a todo, queremos que todo sea perfecto y, lo peor de todo, queremos ser perfectas en todo momento. Por eso durante mi conversación con Ana Ibáñez intento buscar alguna explicación más para que esta afirmación no sea tan simplista, para saber si de alguna manera esa maraña de pensamientos y emociones hiperultramegaintensas es más una consecuencia de aprendizajes y expectativas que de una condición genética de nuestro cerebro.

Según su respuesta, parece que el contexto social ha jugado y juega un papel importante. Siempre hemos estado sujetas a expectativas muy altas y esa necesidad de tener que «estar a la altura», tanto en el ámbito profesional como personal. Y eso nos ha llevado a una presión cultural y a la archiconocida carga mental de la que tanto se habla ahora. La vida puede resultar compleja y agotadora precisamente por todo esto. Aunque, como dice Ana, «esa percepción de que nos complicamos la vida no tiene una única causa. Es una mezcla de factores cerebrales, psicológicos y sociales que interactúan y amplifican esa sensación de agotamiento». Pero, claro, ese runrún histórico de procurar hacerlo todo bien nos ha generado presión y cierta tendencia a la complicación como forma de vida. La operación bikini como concepto, el 90-60-90 y la supuesta necesidad de lograr el éxito profesional han estado ahí. Y nos han pasado factura.

Dicho esto, ¿qué podemos hacer para evitar esa forma de vivir casi como si todo se fuera a acabar y con tanto deseo de perfección? Como suelen aconsejar los psicólogos, si algo no está en tus manos, tampoco debería estar en tu cabeza, así que centrarnos en lo que sí podemos hacer es lo más inteligente. Se trata, por ejemplo, de identificar esas fuentes de presión, soltar la carga de perfección que nos autoimponemos y permitirnos simplificar. Ya se sabe, reconocer el error es el primer paso para cambiar, y quizá identificar todos estos factores y hacer pequeños cambios nos puede ayudar a liberar nuestra mente y dar un paso hacia una vida menos complicada. Y más equilibrada.

## Tiempo de ocio para nosotras

Para María Jesús Álava, lo primero de todo es tener claro que nos tenemos que dedicar tiempo a nosotras mismas. Me cuenta que ella y su equipo hicieron un estudio para ver cuánto tiempo nos reservábamos las mujeres para hacer cosas que nos gustan, como leer, escuchar música, practicar deporte… Y para sorpresa de nadie, la mayoría de esas mujeres que entrevistaron no se guardaba ni una hora al día para ellas. En cambio, cuando hicieron ese mismo estudio en hombres con características similares, prácticamente todos se reservaban más de una hora de descanso o para la práctica de estas actividades.

Por eso la psicóloga nos anima a que la primera estrategia en este sentido sea ver cómo es nuestro día a día, contabilizar cuánto tiempo nos bloqueamos para nosotras y ver cómo podríamos sacar al menos una hora para hacer algo que nos gusta. El día tiene veinticuatro horas para nosotras y para ellos, y si ellos consiguen sacar algo más de tiempo para pequeños ratos de ocio o simplemente para descansar en el sofá de casa es porque son capaces de dejar de hacer otras cosas. Y de parar los pensamientos y la hiperactividad de su cerebro.

En otra de mis múltiples conversaciones que mantuve con una amiga sobre esto, me decía que un día por la mañana, al despertarse, le preguntó a su marido en qué pensaba en ese impasse que transcurre desde que suena la alarma y te decides a salir de la cama. Mientras ella repasaba mentalmente todas las tareas del día con esa losa a modo de letanía de pensar que «no le iba a dar tiempo», su marido estaba pensando en algo mucho más mundano: qué música se iba a poner de camino al trabajo. Y claro, aunque en un primer momento nos pueda enfadar esa calma mientras nosotras ya hemos pasado de 0 a 100 organizando mentalmente las próximas 10-12 horas antes de poner un pie fuera de la cama, la realidad es que la forma que tenía de empezar el día el marido de mi amiga era mucho mejor y mucho más inteligente. Estaba focalizándose en el placer de las pequeñas cosas antes de que el devenir de la rutina y del trabajo pudieran arruinar ese pequeño momento de gloria que estaba sucediendo en su mente. Estaba dando valor a lo ordinario y poniendo el foco en las cosas pequeñas.

Esto me recuerda las palabras de Nicola Elliot, una exeditora de belleza que dejó su trabajo para crear una marca de velas y brumas de almohada, NEOM Bienestar. Durante una entrevista me recomendó centrarme en los pequeños momentos del día «para hacer grande y bonita la foto. Debería ser una prioridad proteger esos momentos», me dijo en referencia a aprovechar la ducha de la mañana o dar un paseo con luz natural antes de llegar a la oficina. O simplemente disfrutar del primer café mirando por la ventana sin moverte de un lado a otro de la casa mientras preparas tu mochila para ir a trabajar o el túper que te comerás frente al ordenador porque tienes «mucha plancha» (otra de mis frases más repetidas).

## Hábitos para *reiniciar* el cerebro

Además de intentar valorar esos pequeños momentos, María Jesús Álava recomienda hacer un registro de tiempo. Se trata de hacer una tabla de gestión con la lista de tareas diarias poniendo al lado de cada una de ellas el nivel de satisfacción que producen (del 1 al 5) y el nivel de cansancio que provocan (mucho o poco). Se trata de ver a lo largo de la semana las actividades que nos están agotando y en las que tenemos que intervenir. Y me hace un pequeño spoiler: «Curiosamente las que más nos agotan no suelen ser las que más satisfacción nos dan».

Así a simple vista, me temo que en mi caso esa lista va a tener muchas tareas que me cansan y me satisfacen entre poco y nada, y prácticamente ninguna que me aporte algo de placer (tan solo el momento obligado de meterme en la cama, encender la tele y saber que hasta el día siguiente mi cerebro en plena ebullición se pondrá en modo off).

Este ejercicio tiene la finalidad de que tomemos conciencia e intentemos cambiar. Aunque al principio cueste dejarnos más tiempo para nosotras —la psicóloga me advierte que hay que supervisar y vencer esa resistencia/querencia de caer en la rutina y volver al punto inicial de no dedicarnos ni un ratito al día—, es importante intentarlo.

Y respecto a ese dar vueltas a las cosas y el cansancio que provoca tanto desgaste mental, saco dos conclusiones tras mi charla con María Jesús. La primera, como dice ella, es que no tiene sentido darle vueltas a algo que me está provocando cansancio y que probablemente no tenga solución. Y la segunda es que hay ciertas técnicas que nos pueden ayudar. No es fácil, pero algunas resultan bastante efectivas para desconectar de la preocupación cuando se está en ese momento cumbre.

Puede ser llevar a la mente algo muy trivial: palabras al revés, por ejemplo. O algo que me descanse o me anime, como pensar una canción, ver una película o coger el teléfono y llamar a alguien. No todo en la vida es un mensaje de WhatsApp; muchas veces unos minutos de conversación te pueden sacar del bucle (es más, los expertos en longevidad dicen que es una de las mejores prácticas para bajar el cortisol).

Y ahora llega lo más difícil de todo: soltar el control. Todo un desafío para una persona como yo, que quiere tenerlo atado y sufre si le proponen un plan con solo cinco minutos de antelación. Se trata de entrenar la mente para no percibir amenazas donde no las hay. Y encontrar momentos de calma que permitan que el cerebro descanse de verdad. Por eso es tan necesario practicar actividades relajantes como meditación, pasar tiempo en la naturaleza o simplemente disfrutar de momentos sin preocupaciones. Todo ello ayuda a *reiniciar* el cerebro y a recuperar la energía mental. Ese cansancio constante no siempre se resuelve con dormir más, sino con un cambio en la forma en que gestionamos el estrés, la autoexigencia y otros factores como el equilibrio hormonal y la exposición a tóxicos. «Darle al cerebro un descanso verdadero es fundamental para mantenernos con energía y en equilibrio», concluye Ana Ibáñez. Nada más que añadir.

4

# Cuando la búsqueda de perfección agota: el dilema de las redes sociales

Que las mujeres nos autoexigimos más que los hombres no es nada nuevo. Lo compruebo en mi casa muchas veces cuando, por ejemplo, he olvidado meter en la mochila de mis hijas esa cartulina verde oscura con purpurina que nos han pedido en el colegio y que ellas, «las pobres mías» (como digo yo), no van a llevar porque a su «malamadre» (vuelvo a decirlo yo) se le ha olvidado por completo. Mi nivel de exigencia, culpa y cierta autotortura por haber errado (quizá *errar* sea exagerado) es mucho más elevado que el de mi marido, que cuando ha estado en una situación parecida, ha zanjado el despiste con normalidad y sin culparse. «No pasa nada, a la próxima será», dice él mientras yo me lamento de más por el error y mi falta de atención.

## La autoexigencia genera insatisfacción

Pero más allá de este detalle doméstico que podemos extrapolar a cualquier situación, la autoexigencia es una realidad entre las mujeres que también cansa, mental y físicamente.

Me lo confirma la psicóloga María Jesús Álava. No son imaginaciones mías: las mujeres tenemos un nivel de auto-exigencia extremo, especialmente en todo lo referente a la afectividad, cuidado de los hijos, relaciones humanas... Nos responsabilizamos de absolutamente todo, y ese estado de preocupación nos resta mucha energía.

María Jesús tiene datos al respecto: realizaron un estudio con más de 15.000 personas en el que pudieron comprobar, precisamente por esa autoexigencia y estado de alerta extremo, que las mujeres en términos generales somos más infelices que los hombres. Y aunque la felicidad, ya sabemos, es algo relativo, cuando profundizaron en los motivos de ese estado de insatisfacción la causa principal era precisamente un nivel de autoexigencia, unido a otro problema más: nos perdonamos poco los errores. «Somos más flexibles con los fallos de otras personas que con los nuestros», resume la psicóloga relatando una escena que me resulta demasiado familiar. Como a la mayoría de las mujeres.

Ese nivel de autoexigencia se mezcla con la baja auto-confianza, que suele ser también muy femenina. Aunque menos mal que mejora algo con los años porque, según indican varios estudios, a partir de los sesenta los niveles de autoestima y felicidad aumentan porque no nos importa lo que digan los demás. Y porque decidimos de verdad cómo queremos vivir sin restarnos energía. Así somos: decidimos cambiar cuando nos damos cuenta de que ya hemos vivido más de lo que nos queda por vivir. Pero nunca es tarde si la dicha es buena.

## El síndrome de Instagram

En la actualidad, la autoexigencia tiene otro gran enemigo: las redes sociales. Este aparece de muchas formas, entre ellas una que la psicóloga clínica Brígida H. Madsen ha llamado *síndrome de Instagram*. Queremos hacerlo todo aún más bonito y perfecto para compartirlo en nuestras redes sociales y hacer que el like suba de manera efímera nuestra autoestima (un chute de dopamina barata). Queremos dejar rastro de las fiestas que organizamos, de las cenas que celebramos, de los viajes que hacemos…, porque parece que si no figura nada de ello en redes es como si no hubiese existido. Somos víctimas de un algoritmo peligroso que no casa nada bien con estos problemas de inseguridad y exigencia que nos vienen de serie.

Admiro mucho a la gente que consigue olvidarse de hacer fotos en momentos especiales como las bodas, los viajes o los festivales del colegio porque optan por disfrutar del momento sin pensar en que la imagen sea lo suficientemente bonita como para compartirla. Esas personas están consiguiendo escapar a ese algoritmo creado para engancharse y hacer que nuestra experiencia en la red social no tenga fin. Algo que explican muy bien algunos exdirectivos y exejecutivos de las grandes compañías de Silicon Valley en el documental *El dilema de las redes*. En él cuentan cómo abandonaron sus trabajos porque empezaban a ser conscientes de lo que estaban creando y de los efectos que tenía en la salud mental de los usuarios.

# El perfeccionismo alimentado por las redes sociales

Al margen de estrategias empresariales y decisiones éticas, la realidad es que el contexto actual y la hiperconectividad no ayudan a esa obsesión por la perfección tan femenina, tan primitiva y que tanto nos cansa física y mentalmente. Si en la vida antes de las redes (sí, existió, aunque ya lo hayamos olvidado) el deseo de querer hacerlo todo bien ya nos acompañaba desde pequeñitas, el bombardeo constante de casas ideales, vacaciones ideales, looks ideales y recetas ideales que vemos por Instagram nos lo pone más difícil aún.

Como dice Brígida H. Madsen, el perfeccionismo es enemigo de lo práctico, de lo real y de lo auténtico. Querer hacerlo todo bien ya agota de por sí. Pero si encima queremos igualar nuestra vida real a la idílica —y a veces, muchas veces, falsa— de Instagram, perdemos el norte. Y empezamos a dejar de hacer cosas que nos gustan, que nos hacen bien, porque nos autoexigimos tanto que, en vez de placer, todo se vuelve estrés. Caemos en ese *síndrome de Instagram* que puede invadir casi todo: reuniones de amigos en casa, cumpleaños, viajes…, y así entramos en un bucle que nos desconecta, nos aleja, nos estresa y nos cansa.

El deseo de perfeccionismo femenino siempre ha estado ahí. Pero ahora lo alimenta la irrealidad de las redes sociales, y eso me ha hecho a mí en demasiadas ocasiones convertir una invitación a amigos para cenar en casa en lo más parecido a pasar una inspección de Sanidad. Porque, alienada por esas vidas hiperperfectas que veo en mi *scroll* infinito en Instagram, me exijo un poco más que antes cuando no existían redes. Y no solo quiero que mis amigos pasen un buen rato en casa y disfruten de comida rica, sino que además me autoexijo que la casa esté perfecta y la mesa aún más. De hecho, a veces se convierte en mi primer objetivo, hasta el punto de que el día que decido invitar a alguien sea incluso más cansado que un día cualquiera en la oficina (con roces incluidos en la familia para que todos recojan y la casa esté tan bonita y ordenada como los salones que me sugiere Instagram, capaz de leer mi subconsciente mostrándome la idealidad a la que aspiro).

## El olvido de nuestras necesidades

Al margen de ese anhelo de perfección incentivado por la vida paralela que a veces nos empeñamos en vivir en redes sociales, la realidad es que nos exigimos por encima de nuestras posibilidades. Y eso, como explica la psicóloga Brígida H. Madsen, nos desconecta de nuestras propias necesidades para atender y satisfacer las de los demás. Queremos desarrollarnos a nivel profesional, pero sin delegar y sin descuidar nuestro papel de cuidadoras. Vamos asumiendo roles sin soltar ninguno y al final acabamos normalizando días exigentes repletos de quehaceres y con pocos momentos de placer. Cada día un poquito más hasta que te paras y comparas tu jornada de hoy con la de hace diez años y eres consciente de cómo has ido llenando tu mochila de cargas y responsabilidades.

Cuando chequeo la mía, veo que ahora mismo, al cuidado de la familia, el trabajo y la casa he sumado la motivación de hacer deporte casi a diario. Y eso es maravilloso para mi salud, pero no he renunciado a nada ni he rebajado mi nivel de autoexigencia en ninguna de las tareas anteriores. Y el día sigue teniendo las mismas veinticuatro horas de antes. Como me dice Brígida: «Ya va siendo hora de revisar la idea de Superwoman que tenemos en la cabeza. Esa mujer irreal que llega a todo con una sonrisa, se mantiene en forma y tiene la casa ordenada se llama Barbie y no existe. Seamos conscientes de nuestro contexto y prioricemos lo realmente importante en nuestras vidas».

«Esa mujer irreal se llama Barbie y no existe». Creo que es una frase para grabarse a fuego e, incluso, para hacerse camisetas con ella que nos ayuden a interiorizar el mensaje. Es importante dejar de querer hacerlo todo y hacerlo requetebién. Y dejar de poner siempre el foco en lo pendiente y en lo que no hacemos y dar el valor que se merece a todo lo que sí hacemos (que es muchísimo).

«Seamos más compasivas con nosotras mismas. Respira y echa el freno», me dice Brígida con toda la razón del mundo.

## Cada día no puedes «llegar a todo»

«Echa el freno», otra frase para enmarcar. Lo sabemos, sabemos que tenemos que bajar revoluciones, pero cuesta mucho encontrar la manera. Brígida H. Madsen insiste en algo lógico y necesario: «No podemos normalizar que nuestro día a día sea tener esa sensación de querer llegar a todo».

Habrá semanas en las que tengamos una carga de trabajo, citas, compromisos fuera de lo habitual (imagina el fin de curso o las semanas previas a las vacaciones, a veces parece una carrera de fondo por llegar a la meta), pero el problema es que hemos normalizado y aceptado la vida como un pico constante de estrés, responsabilidades y tareas pendientes. Por eso la experta nos insta a reducir carga mental.

Tras asumir esta recomendación, vuelvo a necesitar algo más de concreción para no irme por las ramas y volver a caer en la necesidad que me he autoimpuesto de llegar a todo. Y la solución de Brígida es práctica y efectiva: coger papel y lápiz (a veces no hay nada mejor que anotar todo eso que nos ronda en la cabeza para ser conscientes de que tampoco era para tanto) y hacer una lista con todo aquello de lo que te encargas cada semana. Sin dejarte nada. Es una manera de plasmar todo lo que hacemos (a veces no somos conscientes de ello) y analizar qué tareas nos provocan más estrés y cuáles se pueden simplificar. Y simplificar, insiste Brígida, es reducir nuestro nivel de autoexigencia. «Por ejemplo, no pasa nada si este año la tarta de cumpleaños no es casera», me recuerda. Pues sí, efectivamente no pasa nada por comprar una en el súper y no estar una hora buscando los ingredientes y dos horas en casa peleándome con la receta del bizcocho y un *frosting* que no termina de quedarme como a la chica divina que lo hacía en TikTok.

Y he aquí el gran quid de la cuestión (y uno de los que más me cuesta ejecutar): la necesidad de delegar, pero de verdad, sin tener que estar supervisando lo que hace otra persona, porque entonces no soltaría ninguna carga mental. D-E-L-E-G-A-R. Qué palabra tan bonita y qué gran reto para mí hacerla realidad.

Mi afán por querer controlarlo todo choca con esa acción de dejar que otra persona haga lo que me estoy empeñando en hacer yo. Pero lo necesito para no vivir en esta astenia primaveral constante: puedo pedirle a mi marido que doble la ropa de la colada sin vigilar si lo está haciendo como a mí me gustaría. O a mi hija, que haga su cama, aunque no estire las sábanas con el vigor y la precisión con la que lo haría yo (cada una tiene sus manías). No pasa nada si no lo hacen igual que yo, el caso es que yo empiece a soltar el control (y algo de lastre) y dejar que algunas de las muchas tareas que me he empeñado en asumir dejen de ser cosa mía.

# 5

## Aprender a delegar (aunque nos cueste)

Hace tiempo me quejaba y comentaba con una amiga de que eran las 11 de la noche y seguía haciendo cosas, concretamente tendiendo una lavadora cuando lo que debería hacer era estar en la cama preparando una rutina de sueño a imagen y semejanza de como digo en mis artículos que se debería hacer. Y ella, que me escuchaba con el interés que se requiere cuando te estás desahogando así con cosas mundanas (gracias, amiga), me decía: «¿Y por qué no dejas que tienda tu marido?». Esa pregunta iba cargada con toda la intención del mundo.

Mi amiga sabe perfectamente que me cuesta delegar y que, en mi afán controlador-perfeccionista-maniático del orden, no iba a querer dejar que lo hiciera él porque no iba a tender la ropa como a mí me gusta. Esa manía de no delegar, es decir, tal y como dice la RAE, de no «autorizar a otra persona para que haga algo en su lugar», es otro granito más en la montaña de arena del cansancio físico y mental que nos ocupa. Otra vez, la culpa vuelve a ser un poquito mía.

## Delegar es una herramienta de eficiencia

Como dice mi querida Amagoia Eizaguirre, autora de varios libros como *El pequeño libro de los hábitos saludables* y *alma mater* del pódcast *Habituatea,* delegar es esencial para reducir la sobrecarga mental y física. Ese afán de asumir tantas responsabilidades (muchas más de las que podemos y debemos) nos deja exhaustas por el desgaste continuo que provoca. Y tener al final del día la sensación de haber vivido muchas vidas en menos de veinticuatro horas (me pasa continuamente) tiene también mucho que ver con esta incapacidad para delegar.

Amagoia intuye mi poca facilidad para dejar que los demás hagan cosas por mí y me recuerda algo necesario: «Al redistribuir esas responsabilidades, liberamos tiempo y energía que podemos dedicar a tareas más importantes o a nosotras mismas. Además, cuando delegamos, aprendemos a confiar en los demás, lo que nos ayuda a soltar el control y disminuir el estrés que produce querer tenerlo todo atado. Esto genera una sensación de alivio que se refleja en una mayor energía y bienestar».

La teoría no puede sonar mejor. Pero si hablo por mí (y creo que esto es un poco por mí y por todas mis compañeras), me cuesta hacerlo. O bien tengo cierta culpa por pedir ayuda, o bien por la sensación de que no me va a acabar de gustar el resultado. Pero ella me confirma —y me consuela al mismo tiempo— que es normal sentir esa resistencia inicial a delegar, ya que muchas veces creemos que «Nadie lo hará como yo» o sentimos culpa por pedir ayuda. Por eso me recalca también que es fundamental entender que delegar no es un signo de debilidad o de falta de capacidad, sino una herramienta para ser más eficientes y equilibrados.

Y por eso es tan importante trabajar en la mentalidad que tenemos hacia la obligación: cambiar el enfoque de «Si no lo hago yo, no estará bien» a «Puedo dar la oportunidad a otra persona para que también aporte su valor».

«La culpa por pedir ayuda es algo muy común, pero recuerda que no solo es un acto de autocuidado, sino que también permite que las personas a tu alrededor crezcan y se desarrollen en esas tareas», me dice haciéndome en cierta medida cambiar de opinión. Al fin y al cabo, no tengo por qué ser yo (y solo yo) la que vaya a las reuniones del colegio, gestione los grupos de WhatsApp de padres (sí, pueden ser una gran carga mental), ni empeñarme en bajar al supermercado cada vez que faltan leche o huevos porque yo y solo yo (otra vez) voy a elegir los más saludables.

## Empieza por cosas pequeñas

Para pasar a la práctica, parece que lo mejor es elegir una tarea pequeña y delegarla en alguien de confianza. Comenzar con algo que no sea crucial, de manera que si el resultado no es exactamente como lo haríamos nosotras, no nos genere tanto impacto. Y con el tiempo, promete Amagoia, notaremos que al aligerar esas pequeñas responsabilidades tendremos más espacio mental y emocional para concentrarnos en lo que realmente importa.

Para convertir el hecho de delegar en un hábito, Amagoia —que tiene ese don maravilloso de hacer fácil lo difícil con sus explicaciones— me pone algunos ejemplos de posibles tareas del ámbito doméstico y laboral que podemos empezar a encargar a los demás para sumar energía a ese contador que tenemos por los suelos (parece que no, pero cada cosa del día a día nos la va quitando). Puede ser la limpieza, la compra, preparación de comidas, tareas como responder correos electrónicos rutinarios o coordinar citas.

Y como a las personas que nos cuesta delegar en casa nos suele costar también hacerlo en el trabajo, también identifica otras gestiones que hay que compartir con otros compañeros, siempre que sea posible, como la recopilación de datos para informes básicos o la organización de una reunión. La clave está en identificar aquellas tareas que no requieren nuestra especialización o energía mental y empezar a delegarlas progresivamente, porque esto nos permite enfocarnos en actividades que aportan valor y bienestar.

Cuando pienso en el hecho de delegar, para seguir inspirándome, me viene a la mente la imagen de Berta Martín Sainz, a quien conozco por trabajo —es cofundadora de la línea de productos capilares Moncho Moreno— y a quien admiro muchísimo en el terreno personal. Con apenas veinticinco años, tras estudiar Derecho y Bolsa, fundó la firma de moda Poète y desde entonces ha logrado muchos éxitos dentro y fuera de nuestras fronteras. Pese al éxito, doce años después dejó su puesto en la compañía para emprender junto a su marido, el estilista Moncho Moreno, y lanzar su línea de productos capilares (que ha llegado a muchísimas farmacias españolas y está incluso en las estanterías de Harrods. ¡Bravo, amiga!).

## No somos Superwoman, somos mujeres maravillosas

Hoy el proyecto de Berta es un éxito, y eso me maravilla. Pero me maravilla más su capacidad para compaginar estos proyectos con su vida familiar (tiene cuatro hijos), ser activa en redes sociales (con ese punto real que forma comunidad y que tanto necesitamos) y positiva desde que se levanta hasta que se acuesta. Me gusta su manera de afrontar la vida moderna, con normalidad y sin drama, asumiendo que hace todo lo mejor que puede dadas las circunstancias, pero sin comprar el mito de la Superwoman que tanto ha calado en el ideario de mujeres que creímos poder con todo, aunque eso nos cueste nuestro bienestar y hasta nuestra salud. Como dirían las Malasmadres: «No soy Superwoman ni quiero serlo».

En el caso de Berta, es cierto que su trabajo le encanta y eso suma. «Estoy cansada, pero porque por mi trabajo nunca termino de desconectar y creo que eso es lo que me agota», me cuenta mientras oigo a su hijo decir «Hola» y ella responde divertida: «Vaya, me ha encontrado en mi escondite». La vida real es esto. Pero Berta también tiene muy clara la importancia de priorizar y delegar. Y de no creerse fábulas en las que las mujeres tenemos una capa de superheroína a la que nada se le resiste. Sabe delegar y se deja ayudar porque es la manera de poder hacerlo. Y en el tetris de la conciliación, intenta cumplir ese deseo universal que tenemos todas las madres de pasar más tiempo con nuestros hijos con pequeños gestos para sacar tiempo de debajo de las piedras. Por ejemplo, recoge a su hijo de la guardería porque está al lado de la oficina y puede volver luego a trabajar. Y aunque solo sean diez minutos el ir y venir, le dan la vida. «La vida que nos toca es así y yo he apostado por seguir trabajando», reflexiona.

## Saber priorizar

Está claro que Berta ha sabido encontrar el equilibrio: apoyarse en su equipo profesional y en sus padres en casa, que la ayudan a conciliar, de modo que puede disfrutar los momentos en los que tiene algo de paz para concentrarse y no estar continuamente apagando fuegos. Y entiende mejor que nadie la necesidad de priorizar.

Mientras hablo con ella, compagina (entre otras muchas cosas) la gestión que implica el lanzamiento de un nuevo producto de su marca de pelo con la fiesta de Halloween que prepara para sus hijos. Así es la vida, y precisamente saber poner el foco en lo esencial es una de sus grandes virtudes: insistir, insistir e insistir y, si algo no sale bien, buscar otras estrategias para llegar al objetivo. No se rinde. No se obceca si algo no sale —como me dijo hace poco una amiga, hay que intentar hacer lo mejor que puedas con las cartas que te da la vida, y obsesionarse con algo que no es posible solo frustra y agota—.

Berta se libra de otro mal del que yo peco constantemente: la multitarea, el creer que hacer varias cosas a la vez es sinónimo de eficiencia cuando en realidad es otro ladrón más de energía y de productividad.

Como dice Amagoia, «aprender a priorizar y a concentrarse en una tarea a la vez, mientras delegamos o automatizamos otras, puede cambiar radicalmente la sensación de cansancio constante». A ver si me aplico el cuento.

## Delegar para cuidarse

Berta intenta no cometer el error (aunque es humana) de no encontrar tiempo para cuidarse. «Creo mucho en eso de *mens sana in corpore sano*. Y cuando me levanto menos positiva, el deporte me ayuda, es de las pocas cosas que me trae de vuelta a la realidad, me ayuda a centrarme y a tener motivación», me cuenta, y me recuerda a mi conversación con Amagoia, en la que me insistió por activa y por pasiva en el error tan generalizado de subestimar la importancia del descanso y del autocuidado.

Nos hemos creído tanto el discurso de la productividad, del estar siempre en modo «hacer», que no respetamos los límites de nuestro cuerpo y mente. Claro, ese estado de alerta continuo, sin pausas reales (no vale parar de trabajar para seguir mirando el móvil y seguir invadiendo nuestro cerebro de estímulos), nos lleva a un agotamiento constante, motivado en parte por ese piloto automático que encendemos al levantarnos y que no solemos apagar hasta la noche. Lo peor es que no siempre sucede de lunes a viernes, sino también en nuestro tiempo libre, porque planificar el ocio se ha convertido en otra tarea más que añadir a la lista: requiere organización, previsión y cierto trabajo mental. En mi caso, eso me sucede cada jueves por la tarde o viernes por la mañana, cuando con el fin de semana de por medio subyace en mí el deseo de organizar los mejores planes para mis hijas. Aunque teorizo mucho sobre la necesidad de que se aburran como me aburría yo de pequeña, me cuesta predicar con el ejemplo. Y todo esto también me agota.

Y, por último, una reflexión necesaria: si apenas me cuido a mí misma, o si cuando lo hago no termino de disfrutar el momento porque me siento culpable por estar delegando

el cuidado de mis hijas o las tareas de casa, difícilmente podré cuidar de los demás. Pero, en mi anticuado imaginario
de mujer que puede con todo, la palabra *delegar* no entra
del todo en mis planes. Está claro que eso debe cambiar:
asumir que resulta imposible hacerlo todo es mucho más
honesto e inteligente.

**6**

# El minimalismo emocional

Siempre he tenido la sensación, desde pequeñita, de que me complico la vida en exceso. Le doy vueltas absolutamente a todo, incluso a lo que pido en un restaurante, no sin antes sufrir cierto estrés hasta que viene el camarero y le digo lo que quiero comer, como si hubiese sido la resolución de un gran dilema. Soy incapaz de meterme en ese «cuarto blanco» del que se habla en psicología cuando se consigue no pensar en nada y en el que, según dicen muchos expertos también, entran con mucha más facilidad los hombres que las mujeres.

Tengo una tendencia muy personal a hacer las cosas complicadas, quizá porque estoy convencida de que esforzándome mucho y sopesando cada paso estarán bien seguro. Digamos que soy poco de atajar por el camino de en medio, cero pragmática y más bien víctima de esa creencia de que el sobreesfuerzo tiene recompensa siempre y que las cosas hay que ganárselas. Sí, «yo fui a EGB» y pertenezco a esas generaciones que creímos que esforzarse mucho, pero mucho, e intentar pasar desapercibidos eran apuestas seguras de éxito. Una circunstancia generacional a la que añado mucho mundo interior y un cerebro sensible, que solo para de pensar cuando está completamente dormido (y a veces ni eso).

## Simplificar acciones y decisiones

Desde hace tiempo estoy intentando que ese minimalismo del que tanto me gusta hablar, para aplicarlo a la hora de vestirme, decorar la casa o comprar cosas, sea también una especie de eslogan en mi día a día. El «Menos es más» puede ser también un estilo de vida, una forma de pensar que nos permita quitarnos cargas mentales que no hacen más que torturarnos. Se trata de que nosotras lo hagamos fácil porque otros factores que no podemos controlar ya se encargarán de hacerlo complicado.

Es algo parecido, salvando las distancias, a lo que cuenta la periodista Anabel Vázquez en uno de sus artículos para la revista *Traveler*. En él homenajea al «veraneo de toda la vida» y alaba los gestos repetidos, como disfrutar del mismo paseo cada noche, ir a tomar algo al mismo bar o darse el baño a la misma hora. Entre otras cosas, porque «la repetición conduce al descanso y la rutina, a la paz. La vida ya se las apaña para sorprendernos el resto del año», asegura la periodista. Sin duda, el veraneo de toda la vida podría trasladarse a la vida rutinaria si convirtiéramos ciertos gestos que repetimos a diario en una especie de liturgia. Una en la que no haya que pensar nada, ni gastar una gota de esa energía que tanto escasea o que malgastamos con pensamientos varios y sentimientos de culpa.

Empeñada en aplicar estos consejos, el minimalismo emocional es una de mis grandes obsesiones, ya que tiene mucho de simplificación y de ritualizar gestos repetidos para facilitarnos el día a día. Me fascinan las personas que tienen la capacidad de resolver las cosas sin rodeos, sin estrés, sin pensamientos rumiativos, aceptando la realidad y sin encallarse en detalles tontos como yo. No solo son más resolutivas, creo que viven mucho mejor también.

Reflexioné sobre todo ello después de conocer la filosofía de sencillez que hay detrás de una marca sueca de cuidado de la piel, Colekt, y de hablar con su creadora, Ellen af Petersens. Ella es una sueca maravillosa que sabe muy bien gestionar su tiempo y empapar su día a día de esa filosofía escandinava de sencillez y eficacia que caracteriza la cultura de estos países. Digamos que una conversación con Ellen es lo más parecido a trasladar al terreno emocional y de autocuidado ese lema tan de Ikea que siempre vemos en sus manifiestos. «En nuestro mundo sencillez significa eficiencia y hacer lo que surge de manera natural. Rechazamos las soluciones complicadas y vemos la burocracia como nuestro mayor enemigo», proclama esta empresa en su página cuando leo la definición que hace de «sencillez» en su manifiesto de valores. Me parece un buen modo de vida, la verdad.

## Lo que aprendí del minimalismo sueco

Dejando los muebles de lado y volviendo al terreno de las emociones, durante esa conversación con Ellen me percaté de la importancia de hacer las cosas fáciles y de implementar en cierta medida ese minimalismo sueco: desde no coleccionar productos de belleza y valorar gestos tan sencillos como encender una vela y convertir un momento cualquiera en uno de autocuidado hasta conectar más con la naturaleza. O practicar el famoso *fika,* esa pausa para el café tan sueca en la que se aprovecha para estrechar lazos, sin móviles de por medio, y que mejora notablemente el bienestar de los suecos y su productividad. (Suecia siempre se cuela en el top de los países más productivos del mundo, y esta forma de tomarse la vida tiene mucho que ver).

Me inspiró tanto esa conversación que he querido ampliarla para llevarla al terreno del cansancio extremo que experimentamos. Un cansancio que, como me dijo el otro día mi médico de cabecera, es «una consecuencia, no una causa». Pero no hay que caer en el fatalismo, porque es la consecuencia de muchas cosas que está en nuestra mano cambiar en cierta medida.

«Sí, tengo una vida ocupada, pero intento ser consciente», me responde Ellen af Petersens cuando le propongo hablar con más detalle sobre el cansancio, y entonces comparte conmigo uno de sus pequeños trucos para alcanzar ese nivel de consciencia en su jornada: tener esterillas de yoga en varios espacios para hacer de forma espontánea y fácil estiramientos varias veces al día, sobre todo cuando trabaja. Puede parecer una tontería, pero propiciar y hacer fáciles ciertos hábitos destinados a que nos sintamos mejor ayuda mucho a su práctica y a no encontrar excusas tras las que parapetarnos para justificar que no prestemos la debida atención a nuestro bienestar.

Ellen me insiste en que es fiel a sí misma y a sus valores, y que busca esa filosofía también a la hora de trabajar. Por ejemplo, improvisando reuniones en un café de Estocolmo para salir de la oficina y tener nuevos estímulos. Tiene clara su hoja de ruta sobre el cansancio y las alternativas que están en su mano para minimizarlo, precisamente porque para ella el cansancio también es no poder elegir su tiempo y hacer las cosas con poca antelación. De ahí que la planificación y la buena gestión del tiempo (tanto el suyo como el ajeno) sean una de sus mejores estrategias para minimizar este agotamiento.

También insiste mucho en la importancia de rodearse de la gente adecuada para sentirse bien. Se define como «muy sensible a la mala energía», así que para ella es imprescindible contar con personas que le transmitan buena energía para sentirse más cómoda y productiva. Me doy cuenta de que está recalando en algo en lo que insisten mucho los psicólogos: cuidar las relaciones sociales y procurar que sean de calidad, porque eso también impacta en el bienestar. De hecho, para esta emprendedora sueca no hay mejor remedio contra el cansancio que «pasar tiempo con un pequeño círculo de amigos que me conocen de verdad. Y con mi perro salchicha Nikki, siempre es mi mejor compañía», bromea.

## Transformar lo rutinario en algo grande

Cuando hablas con Ellen, entiendes bien la esencia de ese minimalismo sueco, que es lo más parecido a saber disfrutar de los placeres habituales y convertirlos en algo grande. Debemos transformar lo ordinario en extraordinario, como decía la psiconutricionista Itziar Digón.

Por eso, Ellen disfruta de su capuchino de las diez de la mañana —el único café del día, luego prefiere té de hierbas—, de pasear por la naturaleza y la ciudad —no lleva tacones para recorrer cómodamente las calles de Estocolmo—. «Soy bastante perezosa en temas de moda, prefiero estar cómoda y no sigo mucho las tendencias», dice. Adora dormir con calcetines de lana. Disfruta cocinando. Le encanta el chocolate negro y una copa de pinot noir. Le gusta decorar su casa sin excesos y comprar con control: «Tengo un buen fondo de armario, pero no compro muy a menudo, lo hago de forma consciente. La calidad es importante para mí», asegura.

Todo suma, y su discurso confirma que el minimalismo se puede llevar a cabo en diferentes facetas de nuestra vida. De muchas maneras. Decidiendo que sonreír te cambia el estado de ánimo. O prestando atención a esas pequeñas cosas rutinarias que conforman la foto grande.

## Las vacaciones no son la solución

Ellen reflexiona de una manera muy interesante sobre las vacaciones y esa percepción que tenemos de ese periodo como el único antídoto contra el cansancio. Esta idea suele generar, al menos en mi caso, grandes frustraciones: vuelvo de esos días de asueto, que creía que iban a ser mi solución, y estoy igual de cansada que antes de irme. Ellen no cree en que unas largas vacaciones sean la mejor solución para el cansancio, sino que la clave está en intentar hacer unas pequeñas todos los días, es decir, buscar momentos para no hacer nada, o escuchar música, contemplar una obra de arte, un edificio bonito o un árbol. Estos ratos son otra manera de trabajar la relajación y la atención plena. Se trata de estar presente, esa actitud de la que tanto se habla ahora y que tiene todo el sentido, porque en el fondo vivimos más desconectados que nunca de nosotros mismos.

Esta actitud supone muy poco esfuerzo: parar durante el día unos pocos minutos y hacer cosas de forma consciente. Y en una época en la que cada vez nos cuesta más detenernos y escuchar con atención, me quedo con la reflexión de Ellen sobre la importancia de estar presente con las personas que nos rodean, de escucharlas, de mirarlas a los ojos y de no pensar en todo lo que te queda por hacer cuando alguien te está contando algo. A mí siempre me ha gustado escuchar a la gente con atención, también porque me pone especialmente nerviosa hablar con alguien y sentir que no me está haciendo caso; ya se sabe, no hagas a los demás lo que no te gustaría que te hicieran a ti. Pero es cierto que en muchas ocasiones esa atención plena en la conversación se ve interrumpida por alguno de mis pensamientos habituales relacionados con el «Tengo que» (tengo que contestar a un email, tengo que ir a la tintorería, tengo que apuntar a mi hija a la actividad extraescolar de turno…). Me temo que no soy la única. Y ese cansancio generalizado también nos impide estar más presentes. Es una especie de círculo vicioso: tienes prisa, vives acelerada y agotada, te olvidas de disfrutar de esas pequeñas cosas que te cargan de energía. Y vuelta a empezar.

Está claro que no es fácil cambiar de la noche a la mañana ni tratar de llevar a la práctica esta filosofía tan instalada en nuestras vidas cuando hemos llegado al punto de vivir como robots de última generación que no saben parar. Pero se trata de ir poco a poco.

## El exceso de cosas cansa

En mi obsesión por reducir mis motivos de preocupación, encontré un documental de Netflix que me aportó nueva inspiración y más ideas en mi objetivo de simplificar. Se titula *The Minimalists. Less Is Now,* y está protagonizado por una pareja de amigos, Joshua Fields Millburn y Ryan Nicodemus, que han hecho del estilo de vida austero su filosofía de vida, y también su negocio, en forma de pódcast y blog. Aunque el documental está muy centrado en el exceso material —comparten datos tan rotundos como que en una casa estadounidense se acumulan una media de 300.000 objetos—, llega a la conclusión de que poseer tantas cosas también estresa. Y cansa. Porque nos abruma y nos hace entrar en ese bucle infinito de «Cuanto más tienes, más quieres». Y más sufres por todo lo que posees.

«Me di cuenta de que, si simplificaba mi vida, tendría más tiempo para mi salud, mis relaciones, mi creatividad, mi economía…, y de que podría ayudar a otros de forma más significativa. Comprendí los beneficios del minimalismo mucho antes de despejar un armario», dice Joshua Fields en el documental. Siempre intento recordar esa última frase cuando entro en la aplicación de Zara y acabo picando con alguno de los vestidos de su sección *New In*. No negaremos que ver la ropa en los *lookbooks* de la web de Zara casi siempre es más inspirador que ir a la tienda, hacer colas para probarse y pagar. Pero nos pone difícil el objetivo de tener menos ropa para dedicarnos a actividades espirituales.

Respecto a la esencia de la filosofía de los protagonistas de este documental, creo que no les falta razón cuando dicen que el exceso material abruma, estresa y hasta cansa. Yo estoy en pleno proceso de, por una parte, reducir ese exceso de cosas —*stuff*, como dicen en inglés para enfatizar un poco más el carácter desmedido de tanta posesión— para centrarme en lo que importa. No es fácil cuando tenemos a golpe de clic la compra en casa de prácticamente todo lo que se nos pase por la cabeza. Y cuando las redes sociales nos bombardean con objetos inspiradores que queremos tener. Ni cuando tu trabajo como editora de belleza implica sin remedio (forma parte de la profesión) probar y probar cosméticos varios para poder hablar de ellos desde el conocimiento. Y prescribir con rigor, y no solo desde los datos que puedas encontrar en una nota de prensa.

Por tanto, estamos hablando de minimalismo, en este caso material. He comprobado que reducir el número de cosas que tengo a mi alrededor me provoca una especie de masaje para mi cerebro que me calma de forma inmediata. Y no es la afirmación de una persona un tanto maniática con el orden (si llego a casa y lo veo todo desordenado puedo pasar de 0 a 100 en cuestión de segundos). Está demostrado: el ruido visual se presenta como un asunto inacabado para el cerebro y eso resulta agotador.

Además, reducir el número de estímulos que perciben nuestros ojos y procesa el cerebro también disminuye el número de preocupaciones. Si no tienes coche, por ejemplo, no te tienes que encargar de su mantenimiento y de posibles averías. Y si no tienes tropecientos anillos, no tienes que lamentarte de que se te haya roto uno o no sepas dónde lo has dejado.

Es innegable que las posesiones implican tareas adicionales, relacionadas con esos objetos convertidos en una propiedad personal, que cargan un poquito más la mochila de nuestra multifunción activada todo el tiempo para resolver problemas. Y, por supuesto, cansa. Y cansa mucho.

## Simplificar pensamientos

Llevar este minimalismo al terreno del pensamiento es algo más complicado, puedo dar fe de ello. Le pregunto a la psicóloga Pilar Guerra, otro de mis ángeles de la guarda a la hora de darme luz para mis artículos sobre bienestar, si las mujeres tendemos a complicarnos un poco más la vida. Ese círculo de pensamientos y rodeos en el que solemos caer más nosotras que ellos tiene que tener explicación.

Según ella, tiene que ver no solo con ese nivel de autoexigencia que ya he comentado, sino también con el hecho de que tenemos un alto nivel de creatividad y de compromiso con la excelencia. Nos gusta hacerlo todo, hacerlo bonito y hacerlo perfecto, no nos vale solo con que esté bien. Y eso supone que por el camino nos enredamos y nos complicamos. Es lo que tiene buscar la matrícula de honor siempre. Pilar también se detiene en el contexto histórico de demanda social que tanto ha calado en nosotras.

«El rol que hemos tenido y la desigualdad social entre hombres y mujeres han hecho que tuviésemos que extralimitarnos en todos los contextos, en todos los dominios. Pero no por obsesión ni por perfección, sino con el fin de obtener una aprobación respecto a nuestro hacer y nuestro pensar. Nuestra búsqueda de la aprobación nos lleva a autopresionarnos para alcanzar objetivos sociales y esto nos lleva a la autoexigencia. Y a su vez lleva a esta complicación», resume.

La psicóloga añade a estas circunstancias tan femeninas que dificultan nuestro objetivo minimalista nuestro deseo, a veces obsesión, de que todo, además, sea estético. Muy estético. También nuestra responsabilidad autoimpuesta de estar pendientes de cada detalle. En el fondo, somos cuidadoras en muchos aspectos, y eso nos hace estar atentas a todo. Y querer solucionarlo todo. Somos muy resolutivas, pero incansables. Nunca nos parece suficiente. Y si a lo largo de un día hemos sido capaces de trabajar en la oficina de forma eficiente, gestionar los inconvenientes domésticos que siempre surgen, organizar un plan de fin de semana ideal para toda la familia (ya no nos vale solo con pasarlo bien), aún nos metemos en la cama pensando en lo que nos ha quedado por hacer. Realmente pensamos mucho más en lo pendiente que en lo que ya hemos hecho. Una vez más, esa mezcla de papel de cuidadoras de todo y de todos con el deseo de perfección vuelve a salir a la palestra. Y a jugar en nuestra contra. Y a agotarnos.

## ¿Y si no llego a todo?

Existen muchas alternativas para empezar a complicarnos menos la vida. Una está basada en los estudios de un psicólogo llamado M. Scott Peck y consiste en «trabajar la trilogía». A simple vista, podría parecer algo complicado y ajeno a nuestro objetivo vital (hacernos la vida más fácil) pero es más sencillo de lo que parece.

«Consiste en analizar las últimas consecuencias de no ser perfecto. Es decir, preguntarse: "Si no llego a esto, ¿qué pasa?". Generalmente lo que pasa es un miedo, así que analizamos el miedo. El siguiente paso es ver qué pasa si ocurre eso que nos preocupa hasta encontrar las últimas consecuencias», explica Pilar Guerra. «Y generalmente esos miedos que nos hacen entrar en bucle son pensamientos limitantes que casi siempre tienen que ver con la exigencia, con la necesidad de ser aceptado por los miembros importantes de nuestro círculo. Al vivir en un mundo social, nos comprometemos con la opinión ajena, de tal manera que le damos un valor extremo sin reparar primero en nuestro pensamiento interior, que realmente es el que tiene valor», afirma.

Por supuesto, aceptar el fallo como parte del aprendizaje para llegar al éxito es fundamental en este proceso minimalista. Para aprender a simplificar, también es importante saber desde dónde hacemos las cosas, diferenciando lo urgente de lo importante. Sí, es una frase que se repite mucho, pero lo cierto es que no puede haber tantas cosas urgentes (por sistema) en cada una de nuestras jornadas. Y aprender a diferenciarlas parece fundamental para sobrevivir al frenetismo con el que nos hemos empeñado en vivir cada día. Se trata de preguntarse qué cosas son de primer orden, de segundo o de tercero.

Y todo ello tiene mucho que ver con los compromisos que hemos adquirido o con las prioridades que hemos establecido en nuestra vida. Por ejemplo, yo he podido decidir que mi casa se parezca cada vez más a la idealidad que atisbo en Instagram cada vez que hago *scroll* infinito, pero de mí depende también relativizar, simplificar y convencerme de que no pasa nada si un día no está tan ordenada como me gustaría o si en la compra semanal no he incluido todos y cada uno de los alimentos que pueden favorecer la ansiada longevidad (por poner un ejemplo). ¿De qué sirve tener la nevera más saludable del mundo y la casa más bonita si por el camino para conseguirlo me he estresado en exceso por complicarme la vida de más?

## Evitar la fatiga de decisión

En mi afán por estar más cerca del minimalismo, en este caso emocional, estoy intentando dar con la manera de automatizar ciertas decisiones que no deberían restarme tanta energía, pero que en mi caso me consumen, debido a mi carácter indeciso y rumiante.

La fatiga de decisión existe, es un término de la psicología del comportamiento que, como explica Amagoia

Eizaguirre, ocurre cuando nuestras capacidades cognitivas se ven mermadas por la cantidad de decisiones que tenemos que tomar a lo largo del día. Por eso, automatizar algunas de ellas es una forma muy efectiva de reducir esa carga mental. Y hay muchas cosas que se pueden elegir casi en piloto automático: desde la ropa del día siguiente (si lo decides la noche anterior) a planificar las comidas de toda la semana. Son pequeños cambios que pueden liberar una enorme cantidad de energía y espacio mental.

«Al establecer rutinas para estos aspectos cotidianos, creamos una estructura que nos permite funcionar de manera más eficiente, dejando nuestras capacidades cognitivas disponibles para decisiones más importantes o complejas. Eliminar las decisiones triviales y repetitivas es una forma simple pero poderosa de reducir el cansancio mental», me promete Amagoia. Y nada me puede apetecer más.

## Aprender a dejar cosas sin hacer

Cuando nos convencemos de que debemos hacernos la vida más fácil, parece más importante que nunca analizar qué hacemos «por un compromiso de autoconocimiento» o desde «un postureo que extralimita la cantidad de cosas que queremos hacer», me recuerda Pilar.

Eliminar esas tareas que solo realizamos por nuestro afán de aparentar puede ser una de las mejores herramientas para simplificar y dejar de complicarse la vida. Para llegar a ese punto, la psicóloga recomienda hacer ejercicios de tolerancia a la frustración para aprender a manejar los sentimientos de fracaso. Asumir que no pasa nada por dejar cosas sin hacer en nuestra lista si no son urgentes. Saber que nos sentiremos insatisfechas en muchas ocasiones por nuestra forma de gestionar las rutinas, y que no pasa absolutamente nada. La frustración tiene que ver con completar esa larga lista de tareas que nos exigen y que nos autoexigimos. Pero Pilar es de las que creen que lo que tenemos que hacer es parar para ver si queremos *comprar* ese chorro de exigencia, o podemos ser capaces de tener la asertividad y las habilidades sociales como para decir no, no sé o sí. Aprender a decir no es un reto: a mis cuarenta y tres años aún me cuesta, incluso cuando soy consciente de que no hacerlo irá en mi contra y me lamentaré después. Pero de todo se aprende.

Y precisamente en el terreno de aprender a tolerarnos el fallo a nosotras mismas, me quedo con otra gran frase de esta psicóloga: «Todo el tema de llegar a todo y del perfeccionismo tiene que ver con la utopía o la quimera de que el ser humano se cree que puede controlar todo. No deja de ser una creencia irracional, una disonancia cognitiva, incluso una osadía». Visto así, hay otra razón para evitarlo.

# 7

# Buscar momentos de soledad

Últimamente lo comento mucho con amigas, y a ellas también les parece el mejor plan del mundo. En un momento de mi vida en el que me considero víctima del cansancio social (entiéndase la ironía), sueño con quedarme una tarde sola en casa. En silencio, o como mucho con el ruido de una serie de Netflix. Con mis hijas ocupadas en algún plan divertido fuera de casa para que el sentimiento de culpa no me invada y me impida disfrutar de ese rato de soledad tan deseada y necesaria. Y, a ser posible y para rizar el rizo (entiéndase otra vez la ironía), con mi marido en un plan igual de atractivo, fuera también del hogar familiar. Como digo en muchas ocasiones, eso para mí es el verdadero lujo. Pies en alto en el sofá de casa, sola, con la paz de saber que no voy a tener que salir en ningún momento de la tarde. Y, por tanto, no pasa nada si el pelo no está tan limpio como me gustaría y las lentillas siguen guardadas en el armario del baño porque, por fin, puedo descansar mis ojos con esas gafas que me empeño en no usar sobrepasada la frontera de mi casa.

De hecho, últimamente —creo que saturada por esa vida social que implica un trabajo como el mío, en el que socializar es parte necesaria del mismo—, anular algunos planes se ha convertido en mi particular infusión de tila. En muchas ocasiones hacerlo me relaja de forma inmediata. Y me refiero a planes que cuando han sido concebidos me apetecían. Y mucho. Pero llegado el momento de llevarlos a cabo me han supuesto cierta dosis de estrés porque, aunque me seguían apeteciendo, necesitaba mucho más quedarme en casa y no volver a salir corriendo una vez más, aunque en esta ocasión fuera para ir a cenar y no para llegar puntual a la oficina.

## El cansancio social existe

Soledad: no pido más. Ni viaje a las Maldivas, ni un fin de semana romántico, ni unas vacaciones en la playa. Solo quiero un ratito de soledad, buscada, en positivo, de esa que todos necesitamos en algún momento porque nuestras vidas actuales, repletas de reuniones de trabajo, eventos, videollamadas, wasaps y relaciones sociales, nos cansan. Y nos cansan mucho.

No solo lo digo yo, como víctima de una planificación así —mi trabajo conlleva un número de eventos superior a la media—. Lo confirman muchos expertos: el cansancio social existe, y surge después de jornadas en las que tenemos que socializar, a veces por encima de nuestras posibilidades, lo que hace que necesitamos después estar en silencio y casi recluidos para descansar nuestro cerebro y nuestro cuerpo (porque también agota físicamente).

No pretendo con esto demonizar las relaciones sociales. Y más después de haber vivido una pandemia que nos hizo valorar más que nunca la necesidad que tenemos de relacionarnos con los demás porque somos animales sociales. Adoro hacer planes con mis amigos. Me gustan las sobremesas eternas, reírme, y tener esa sensación de bienestar y buen rollo que dejan las conversaciones largas y las risas, sin móviles de por medio. Pero también quiero retratar esa fatiga que puede surgir —no a todo el mundo le pasa, ni tampoco con la misma intensidad— cuando se tienen demasiados planes. Ya sea por trabajo o por placer. Los psicólogos contemplan este tipo de fatiga como un desgaste. Y consideran que se acentúa mucho más si no buscamos esos ratitos de soledad. Valen también otras actividades que nos ayudan a reconectarnos con nosotras mismas: coloreando, haciendo cerámica o tejiendo, por poner solo algunos ejemplos de labores manuales que ayudan a descansar el cerebro.

Aun consciente de toda esta teoría, debo confesar que no me resulta fácil encontrar esos momentos a solas. Es cierto que, en una casa con tres niñas con sus respectivas agendas, este objetivo se pone difícil. Por eso me conformo con disfrutar de pequeños ratitos de soledad (forzada), como ir al supermercado a comprar (a veces voy más veces de las que las necesito, creo que inconscientemente me planifico mal a propósito) o pasear a mi perro. Cuando lo adoptamos, mi marido y yo creíamos que nos iba a dar pereza bajarlo a las 8 de la tarde de un domingo. Pero a veces es mi mejor vía de escape para estar quince minutos en silencio, y por eso a media tarde insisto con ahínco para convencer a mi marido de que seré yo, y solo yo, quien lo baje. A veces incluso lloviendo, pero todo vale cuando se busca un ratito de paz. Son mis pequeñas estrategias para estar sola y descansar mi mente del ruido externo que suele rodearme. Porque el ruido interno, es decir, el runrún, los pensamientos rumiativos y el estar planificando todo el rato, suelo llevarlo de serie y no siempre consigo pararlo tan fácilmente.

## Proteger nuestro tiempo libre

Me resultó tremendamente inspiradora una conversación que tuve con Anabel Vázquez. Ella es una fantástica periodista —leerla es un placer absoluto— que compagina su trabajo en medios de comunicación con el de emprendedora en tiempos difíciles. Es cofundadora de Laconicum, un templo de cosmética nicho en el que podrías pasarte horas comprando o simplemente leyendo las geniales reseñas (escritas por ella misma y su equipo) de todos y cada uno de los productos de belleza que venden. Anabel tiene una vida agitada, también cargada de compromisos sociales varios, y un trabajo creativo que dificulta un poco más su tarea de desconectar.

Pero también tiene muy clara la importancia de descansar con esos momentos solo para ella. Puede que por eso sea de las pocas mujeres con las que he hablado para escribir este libro que no se ha quejado de esa sensación de fatiga de la que hablo yo todo el rato. Tiene energía sostenida y permanente, como dice ella, y son muy pocas las ocasiones en las que se levanta y quiere que llegue la noche. «Y cuando eso me ocurre, es muy desagradable», me cuenta generando en mí cierta envidia sana porque ella tiene esa sensación de pensar en irse a la cama recién levantada solo en momentos contados del año. Y a mí, en cambio, me pasa lo contrario: son puntuales y escasos los días en los que no fantaseo con la idea de volver a meterme en la cama nada más despertarme.

Cuando Anabel amplía su discurso sobre la importancia de buscar momentos de soledad, lo entiendo todo. «El cansancio físico no me preocupa tanto porque creo que es fácilmente curable si se descansa. Pero el mental erosiona mucho y, claro, mi trabajo lo tiene, aunque creo que consigo controlarlo», dice. Y lo consigue protegiendo su ocio y su tiempo de descanso para ser eficiente en el trabajo y en la vida en general. Hasta ahora, proteger mi tiempo libre no entraba precisamente en mis planes de supervivencia, pero después de escuchar a Anabel creo que es justo y necesario hacerlo.

La conversación hace que sus palabras me sigan dando cierta envidia porque yo protejo bastante poco mi tiempo libre. Primero, porque cuando tengo un rato de soledad suelo estropearlo con ciertos pensamientos de culpa por disfrutarlo tanto —sí, soy un poco el perro del hortelano: ni como ni dejo comer—. Segundo, porque a veces me cuesta decir no a ciertos planes que no me apetecen. Y tercero, porque cuando consigo tener algún ratito libre suelo desaprovecharlo cayendo ante el chute rápido de dopamina que genera el móvil, haciendo un *scroll* infinito en Instagram que no suele llevarme a casi ningún sitio. Y, además, dicho sea de paso, me ocasiona un dolor terrible de cuello por la postura que implica mirar el móvil. Así que, entre el chute de placer basura que me provocan las redes sociales y el dolor de cuello, consigo arruinar por completo ese ratito de descanso. Como decía una *quote* que vi en el perfil de Instagram (otra vez Instagram) de los creadores de Sanctum (un método de fitness poco tradicional que trabaja tanto el cuerpo físico como el emocional), «tu cerebro no necesita más dopamina barata. Necesita conexión, luz del sol, naturaleza, descanso, ejercicio y algo de buena música». Y llevan toda la razón, lo paradójico es verlo móvil en mano mientras estás teniendo esa recompensa rápida y efímera.

El caso es que la rutina de descanso y soledad de mi querida Anabel es mucho más inteligente porque está basada en la felicidad sostenida, y no en la emoción del momento. A ella le preocupa tener suficiente tiempo libre para descansar, dedicarse a actividades que la llenan, como el cine, la lectura, dar paseos, estar con personas queridas... Y salvaguardar esos espacios le permite llegar a la hora del trabajo con la cabeza ordenada. Su principal estrategia es cuidar su descanso y su tiempo en casa. Y cuando, como yo, vives empeñada solo en el hacer y no tanto en el sentir, es necesario que alguien te recuerde esto. También la importancia de no dejarte llevar por ciertas inercias y códigos sociales, como tener que salir un sábado simplemente porque es sábado, o tener que hacer muchos planes porque sea fin de semana. A diferencia de muchos mortales entre los que me incluyo, a Anabel le encantan los domingos y le gusta exprimirlos de principio a fin. El síndrome del domingo por la tarde, ese que nos entra a unos cuantos en forma de desgana y hasta cierta tristeza cuando vemos que el fin de semana se acaba y comienza la semana otra vez, no va con ella. Su actitud es mucho más inteligente porque aprovecha (de cabo a rabo) su tiempo libre, sin perderlo lamentándose o preocupándose por la vuelta a la rutina.

## La recarga física y mental

Me gusta especialmente la reflexión de Anabel sobre los beneficios que tiene para ella esta soledad en positivo que todas necesitamos en ciertos momentos, a veces con más frecuencia de lo que pensamos: «Me cargo en soledad, y necesito buscar y provocar esos momentos porque me dan una energía monumental y absoluta. Es cierto que en mi caso soy una privilegiada porque mi soledad es elegida. Mi aproximación es afortunada. En cambio, la no elegida es dolorosa».

Aunque parezca una quimera, convertir nuestra casa en una especie de templo, de refugio casi sagrado para el descanso, con ratitos de soledad incluidos, puede recargarnos más que unas vacaciones en la playa. Haz la prueba.

Todo este discurso descarga de toda culpabilidad el disfrute de esos momentos a solas porque, para Anabel Vázquez, no solo son un medio para recargarse mental y físicamente, sino que también son su vía para estar plenamente consciente en los momentos que comparte con los demás. Se puede pasar un día entero sin hablar con nadie. Y aunque suene algo misántropo, no lo es en absoluto, porque esa desconexión la ayuda a estar más fresca y más disponible cuando está con alguien.

«Me parece que estar o hablar con una persona es un acto muy importante y me gusta dar lo mejor de mí. Quiero estar muy presente y creo firmemente en la dicotomía de cuidar la soledad para cuidar la compañía», me recuerda. Cuidar la soledad para cuidar la compañía, qué gran afirmación, y qué necesario aprender a aplicarla.

Pasear sola, ir al cine sola, desayunar sola en una cafetería…, pequeños placeres que cargan a nivel emocional y que todas necesitamos, aunque no lo creamos y digamos aquello de «No sé estar sola». De hecho, son pequeños hábitos que aportan orden mental y físico. Nos permiten controlar lo que comemos, el tiempo que dormimos, la necesidad de escuchar a nuestro cuerpo. Y nos pueden dar la serenidad que necesitamos para contrarrestar la euforia social que experimentamos cuando nos rodeamos de gente.

Necesitamos tanto esos encuentros con otras personas (también nos dan años de vida) como los momentos de soledad buscada. Encender una vela, ver una serie, dar un paseo, leer un libro…, placeres mundanos que el ritmo de vida acelerado e hiperestimulado han convertido casi en privilegios para muchos. Es más fácil buscar la dopamina rápida con el móvil que tener el tiempo, la concentración y la paciencia de prestar atención a la lectura de un libro, o la despreocupación de dar un paseo sin ningún estímulo más que estar con los cinco sentidos en el recorrido, y no escuchando un pódcast para seguir sintiendo que estamos haciendo algo productivo (es lo que yo suelo hacer para que no pare nunca la maquinaria). Pero es necesario también tender a disfrutar de esos placeres en solitario.

## Disfrutar del silencio

Me planteo más que nunca propiciar esos momentos y buscar aficiones que tengan que ver con esa especie de regocijo en la soledad. Y para ello tengo que ser igual de respetuosa y meticulosa que Anabel con mi propio descanso. Porque sobre eso ella también tiene una clarísima hoja de ruta: irse a la cama siempre a la misma hora, no dormir con el móvil en la habitación…

«Cuando me voy a dormir, me voy a dormir. Mi sueño es un momento bastante sagrado. Mi habitación apenas tiene decoración, es muy limpia. Honrar eso para mí es importante porque garantiza que tenga la energía para interpretar el teatro que es la vida», dice. El teatro que es la vida. Otra gran verdad. Valoro lo necesario que es proteger el descanso —en una sociedad hiperproductiva no lo valoramos— y hacer algo que solo nos beneficie a nosotras mismas, siendo cuidadosas con lo que el cuerpo nos pide.

Quizá no todo el mundo pueda estar solo de la misma manera, y a veces el silencio puede abrumar. A mí me intimida, soy de esas personas que cuando llega a un hotel por un viaje de trabajo enciende la tele y pone el canal 24 horas para evitar ese silencio que a Anabel no le asusta y que a mí me impone cierto respeto, probablemente porque no he aprendido a disfrutar de él.

A pesar de todos estos impedimentos personales, voy a empeñarme en ritualizar el descanso: en dedicarme momentos a solas, aunque al principio no oír absolutamente nada me asuste; en priorizar mis ratos de asueto frente al modo automático de hacer, hacer y hacer, y en irme a la cama sin entregarme al *scroll* eterno o a la maratón de capítulos de la serie de turno.

## ¿Cuidas lo que piensas?

Mi conversación con esta periodista y emprendedora me trae a la mente unas palabras de la psicóloga Sara Noheda. La conozco desde hace años y recuerdo que la primera vez que me reuní con ella para ver posibles ideas sobre temas de bienestar en los que podíamos trabajar juntas, hubo uno que me gustó especialmente.

«Ana, creo que sería interesante hablar de la importancia de cuidar lo que pensamos. Al fin y al cabo, cuidamos lo que comemos, las cremas que usamos…, pero reparamos bastante poco en lo que pensamos, en cómo nos hablamos, en cómo nos tratamos», me dijo, y esa fue una idea de oro para un artículo que poco después vio la luz.

Desde entonces Sara me ha ayudado muchísimo a dar forma a mis artículos y hasta participó conmigo en plena pandemia en un encuentro vía Zoom para hablar de todo esto con las lectoras de *Vogue*: «No hay bienestar sin autocuidado. El futuro de la belleza», titulamos nuestra charla. Precisamente en muchas de mis conversaciones con ella ha salido a relucir la importancia de buscar momentos de soledad y de no sentirse egoísta por propiciarlos y por dedicar tiempo a una misma. «Solo podré ayudar en la medida de cómo me encuentre. Si no estoy bien, no tengo nada que dar. Todo empieza en mí. No es un planteamiento egoísta, sino realista», me dice Sara.

Y me confirma que en su consulta escucha casi a diario a muchas mujeres que expresan esa sensación de agotamiento, al tiempo que se quejan de no tener tiempo suficiente para todo. Sí, el clásico «No me da la vida» que tanto me gusta repetir. Esa sensación puede deberse a nuestro empeño por cumplir con múltiples roles, desde el profesional hasta el familiar, sin dejar espacio personal. Y es importante recalcar que este desequilibrio puede llevar al agotamiento emocional y físico. Por eso es importante reconocerlo como una señal para reevaluar prioridades y buscar apoyo si fuera necesario.

Sara recuerda cómo una mujer de cincuenta y dos años acudió a terapia con ella y su primera frase fue: «Estoy sobrepasada, y hasta que no he caído enferma, seguía pensando que podía con todo». Para no sufrir ese tipo de experiencias evitables, esta psicóloga insiste en la importancia de practicar el no, de ponernos límites, no solo a los demás, sino a nosotras. Y también en que debemos empeñarnos en buscar momentos para estar con una misma, para no pasar por encima de nosotras y frenar solo cuando nuestro cuerpo nos dice basta.

## Priorizar momentos solo para nosotras

Lo dicen muchos expertos y me lo confirma Sara Noheda: los momentos de soledad son fundamentales para recargar energías y reconectar con una misma. Buscar espacios personales, aunque sean breves, puede mejorar el bienestar emocional porque es en la soledad donde encontramos la oportunidad de reflexionar, relajarnos y centrarnos en nuestras propias necesidades, y este conjunto favorece el equilibrio interior. La verdad, no puede sonar mejor.

Por eso mi siguiente pregunta tiene que ver con la manera de encontrar herramientas que nos ayuden a priorizar esos momentos cuando nos quejamos precisamente de la falta de tiempo. Si ya cuesta terminar el día con una buena parte de la lista de tareas hecha, imagina hacer hueco entre medias para un ratito a solas. Pues resulta que es al revés: cuanto más abrumadora y atareada parezca nuestra vida, más necesario es que encontremos este tiempo, por muy difícil que parezca.

Para superar esa primera dificultad, la recomendación de la psicóloga consiste en ir poco a poco; empezar con pequeños pasos, como dedicar cinco minutos al inicio o al final del día a alguna actividad que nos proporcione placer, disfrute o tranquilidad. Otra propuesta pasa por programar momentos personales en la agenda, «igual que harías con cualquier otra actividad de trabajo, de los niños, de la casa…», insiste Sara. Al final, se trata de elegir, y de la misma manera que hemos decidido llenar la agenda con obligaciones varias, debemos optar por elegirnos también a nosotras.

Tras esta retahíla de recomendaciones, Sara es consciente de que empezar a lo grande podría ser un no rotundo para mí (y probablemente para muchas de las que estáis leyendo este libro). Por eso puntualiza casi adivinando mi mente:

«No pienses en tener para ti una mañana completa. Empieza con acciones realistas y poco a poco conquista espacios que ahora están siendo ocupados por otras cosas. Tal vez deberías hacer una revisión general de todo tu día y darte cuenta de que todo eso, sin ti, no sale hacia delante. Por eso ahora elegirte es una prioridad si quieres que tu vida siga funcionando».

Y mientras pronuncia estas palabras, pienso en cómo empezar con esas acciones realistas: puede ser disfrutando del café de la mañana sin prisas, y sin hacer nada más, al fin y al cabo son solo cinco minutos. O puede ser leyendo diez minutos mientras desayuno. O cambiar el pódcast en inglés que escucho de camino al trabajo, con la intención de buscar ideas para mis artículos, por una lista de canciones que me pongan de buen humor y que no tengan más afán productivo que el de hacerme un poco feliz (que ya es mucho). O convertir la rutina facial de la noche en un momento de disfrute y no en una obligación que realizo por puro trámite. Cuesta, pero a veces basta con que te des un automasaje y respires profundo y con calma mientras te aplicas la crema para que el panorama cambie por completo. El caso es dejar de ir en piloto automático y disfrutar del autocuidado y de los pequeños momentos propios un lunes cualquiera.

## Desterrar la culpabilidad

Lo reconozco: la teoría de la soledad en positivo me parece maravillosa, pero siempre me invade el sentimiento de culpa cuando estoy a solas de forma premeditada. Y lo peor es que la culpa en mi caso se incrementa de forma proporcional al disfrute de ese rato. Cuanto más siento que me está gustando esa soledad, peor me siento porque creo que, de alguna manera, estoy renunciando a ese papel de cuidadora y a las múltiples tareas de la lista que no estoy tachando justo en ese momento. Puede que este relato de emociones resulte exagerado, y que haya muchas mujeres que cuando se quedan solas disfrutan sin más *overthinking* ni remordimientos. Pero sentirse culpable por querer tener un poco de tiempo para una misma es bastante común, porque parece que estamos programadas para cumplir con todo lo establecido y eludir esa obligación nos puede parecer egoísta. En realidad, es todo lo contrario.

Si eres de las que sufre esa misma culpabilidad, es imprescindible que hagas el intento de cambiar de perspectiva hasta que concibas estos momentos como una forma de mejorar tu bienestar y las relaciones con los demás. También nos servirán para reconocer nuestros límites y comunicar nuestras necesidades, porque eso también puede ayudarnos a superar estos sentimientos de culpa. Debemos convencernos de que parar, decidir estar solas, incluso cancelar planes para lograrlo porque lo necesitamos, es una forma de escucharnos, de no desgastarnos y de priorizarnos.

Y no verlo así es un error. No sabemos parar, no queremos, nos cuesta reconocer que necesitamos hacerlo y, lo peor de todo, nos cuesta pedir ayuda. En mi caso, por no molestar a mi madre, por no cargarla, por creer que si llego a todo voy a tener una recompensa el día de mañana. Pero está claro que me equivoco. Si no reconocemos los límites propios, entramos en una espiral peligrosa de agotamiento e irritabilidad. A veces, hasta de reproches a los que nos rodean enumerándoles una lista eterna de todo lo que hacemos (o de lo que tenemos que hacer), como si eso tuviera que despertar en ellos la compasión que no tenemos con nosotras mismas. Y mientras escribo estas líneas me doy cuenta de que quizá sería mejor reconocer mis límites y pedir ayuda antes que esperar a que mi marido o mis hijas adivinen lo que de verdad quiero o necesito.

Por eso es fundamental, tal y como me explica Sara Noheda, trabajar en el autoconocimiento y la autoaceptación, reconociendo esta necesidad del autocuidado y el derecho a tomarnos nuestros tiempos y espacios. Priorizarse es el primer paso para un bienestar integral. «No lo olvides, cuidarte a ti misma fortalece tu capacidad de cuidar a los demás», me insiste.

Y todo eso me recuerda mucho una situación que se usa mucho al hablar de esto. «Los pasajeros que viajen con niños deben colocarse la máscara a ellos mismos primero, y después a los niños», recomiendan los equipos de asistencia de vuelo cada vez que va a despegar el avión. Pues con el bienestar propio y ajeno ocurre exactamente lo mismo. Por eso a partir de ahora, si decido decir no a un plan que no acaba de apetecerme para quedarme un ratito más conmigo misma, intentaré no sentirme mal. Al fin y al cabo, es otra forma de cuidarme y de cuidar a los demás. Así también disfrutaré de verdad la próxima vez que sí decida quedar.

# 8

# Más tiempo de calidad con amigos (y menos Instagram)

Los documentales sobre bienestar, longevidad y minimalismo son mis nuevas series. Hay una parte de deformación profesional en esta afición —soy una alumna aplicada incluso en mi tiempo libre—, pero también mucho interés personal por intentar aprender algo que mejore mi calidad de vida de alguna manera.

Sé que soy afortunada por muchos motivos, pero mi particular manera de tomarme la vida hace que le reste cierta calidad.

Afrontar todo tan intensamente, en alerta, con el piloto automático y, como dice mi amiga, la experta en nutrición Cristina Barrous, «el problema es querer hacerlo todo bien», hace que mi día a día no sea todo lo bueno que podría ser. Y efectivamente, no toda la culpa es mía, pero creo que centrarme en lo que sí depende de mí es lo más práctico a la hora de obtener resultados.

## Secretos de longevidad en las zonas azules del planeta

El documental dirigido por Dan Buettner bajo el título *Vivir cien años. Los secretos de las zonas azules* me enseñó varias cosas interesantes. Para aportar algo de contexto antes de zambullirme en lo aprendido, conviene saber que Buettner es un escritor que ha dedicado su carrera a investigar sobre la longevidad y las zonas azules, es decir, las áreas del planeta en las que sus habitantes disfrutan de una mayor esperanza de vida. Con ese objetivo, recorrió varias de esas zonas, de las que extrajo varias conclusiones interesantes que voy a resumir muy brevemente en estos consejos prácticos: subir y bajar escaleras es un seguro de vida (que se lo pregunten a los habitantes de Barbagia, en Cerdeña, que suben y bajan empinadas cuestas a diario y muchos rozan los cien años), la comida local y de temporada es otro secreto de longevidad (comer como nuestros abuelos, vaya) y los lazos sociales son uno de los factores que contribuyen a vivir más, pero sobre todo mejor.

Si lo de los lazos sociales y la vida en comunidad puede sonar para los más escépticos a un tópico, propongo analizar lo bien que te sientes después de una comida con amigas a las que hacía tiempo que no veías. Hablas, te desahogas, comentas lo que tengas que comentar con la seguridad y la confianza que da estar con «personas casa». Te ríes a carcajada limpia, comes algo rico, disfrutas de compartir un postre, bebes vino, y cuando miras el reloj te han dado fácilmente las 7 de la tarde disfrutando y sin consultar el móvil. La sensación de bienestar de estos ratos de ocio, multiplicados por toda una vida, contribuyen a mejorar la calidad de nuestra existencia. Mucho mucho.

Buettner cuenta que en la isla de Okinawa, en Japón, existe un sistema de apoyo social para ayudar a miembros de la comunidad (lo llaman *moai*), y que en Barbagia no hay casi residencias de mayores porque sus habitantes se organizan para cuidar a sus ancianos. En cambio, en Estados Unidos, la soledad resta años de esperanza de vida (hasta quince, según este documental).

## Las relaciones sociales son un seguro de vida

Esta afirmación tiene una explicación científica. Me la proporciona el doctor Vicente Mera, experto en medicina antienvejecimiento de Sha Wellness, ese paraíso levantino especializado en longevidad convertido en centro de peregrinación de, entre otros, Naomi Campbell y Barbra Streisand. Conocí a este doctor durante una presentación de prensa de unos suplementos alimenticios y me fascinó su discurso y su manera de hablar de la salud y la longevidad, sin explicaciones exageradamente científicas que nos dejen perdidos al resto de los mortales. Me cautivó con su manera de contar un hábito japonés relacionado con la larga esperanza de vida de los nipones: el *Hara Hachi Bu,* que consiste en comer hasta un máximo de un 80 por ciento de lo que querrías comer. El doctor Mera me lo tradujo con unas sabias palabras: «Se puede comer hasta reventar; comer hasta saciarse, y comer y quedarse con un poquito de hambre. Y esto es precisamente lo que hacen los japoneses».

Desde entonces no he parado de preguntarle cosas sobre la longevidad, y sus respuestas siempre me han resultado inspiradoras y clarificadoras. A la hora de explicar por qué las relaciones sociales son un seguro de buena vida, el doctor juega en casa y sabe resumir cómo nadie qué le pasa a nuestro cuerpo cuando disfruta de esos ratos de ocio: durante las interacciones sociales positivas, nuestro cuerpo libera endorfinas, y el efecto es similar al que se siente tras un entrenamiento físico. Sí, este proceso incrementa la felicidad y reduce el estrés, de modo que favorece el bienestar general. Y, como dice Mera, «las relaciones sociales amplifican nuestro sentido de propósito y significado en la vida, lo que fortalece nuestra resiliencia y, en última instancia, mejora nuestra salud».

Tal y como da fe en su libro *Joven a cualquier edad,* por su consulta pasan infinidad de pacientes que buscan mejorar su calidad de vida de diversas maneras. Al fin y al cabo, la obsesión actual por la longevidad tiene mucho que ver con esa mayor esperanza de vida constatada por las estadísticas y el deseo de que todos queremos vivir mejor. Ya que vamos a vivir más años que nuestros padres y abuelos, se trata de pasarlos con calidad. Esos ratos de placer con amigos y familiares pueden ayudar, pero no solo a largo plazo, sino también a hacer frente a nuestro temido cansancio, ya que suponen un chute de energía y bienestar.

## Las relaciones sólidas generan bienestar (y descanso)

Aunque estas teorías les puedan parecer a las escépticas un bonito cuento de hadas, las investigaciones en las zonas azules, donde se concentran las personas más longevas del mundo, han demostrado que el manejo de las emociones y las relaciones con los demás, tanto con familiares como con amigos y vecinos, es uno de los factores clave para una vida larga. Y desde el punto de vista psicológico también tiene su explicación. Según el doctor Mera, «mantener relaciones sólidas mejora la autoestima y promueve un sentido de pertenencia a una comunidad de apoyo. Esta conexión genera una sensación de seguridad y bienestar que nutre nuestro crecimiento personal y provee un soporte emocional en momentos de dificultad, lo que se traduce en un beneficio para nuestra salud mental y emocional».

El problema es que a veces el cansancio (una vez más) nos pone ciertos impedimentos a la hora de cuidar esas relaciones personales. La fatiga social existe (doctor Mera *dixit*) y se ha vuelto común debido al agotamiento continuo, la falta de motivación, el desánimo en actividades que antes nos parecían estimulantes y una creciente apatía social. Por eso a veces se nos puede hacer difícil socializar o cuidar de nuestro propio bienestar.

Pero está demostrado que las relaciones cercanas pueden ayudar a mitigar este cansancio gracias a que nos ofrecen una vía de escape emocional, apoyo y motivación renovada. Estar en contacto con seres queridos puede revitalizarnos y darnos un impulso de energía (¿quién no lo necesita?), porque en esos encuentros nos sentimos comprendidos y valorados. Y eso también contrarresta los efectos del cansancio crónico. Digamos que, con todas estas explicaciones, Mera da el beneplácito desde el punto de vista médico a las relaciones sociales como antídoto contra el cansancio.

Estamos cansadas, sí, pero buscar ratitos con personas queridas es necesario. Y vencer las barreras a la hora de salir de casa siempre suele acabar bien. Piensa en todas esas veces que te daba pereza salir a cenar con amigas un viernes porque estabas agotada y en lo bien que te has sentido después de compartir mesa y mantel, pero, sobre todo, muchas risas y desahogos.

## Cosas insignificantes para estar mejor

Otra experta que juega en casa a la hora de hablar de estos temas es la psicóloga María Martínez. Autora del libro *Vivir en modo kaizen,* refrenda la conveniencia de cuidar nuestras relaciones sociales, ya no solo para vivir más o mejor, sino también para aliviar esa sensación de cansancio que es el hilo conductor de este libro. Aunque ya hayamos hablado de la importancia de buscar momentos de soledad para recargarse, tan importantes son esos momentos como los que compartimos con la gente que queremos.

Como dice María, la vida mejora con cosas pequeñas, sencillas. Y no hablamos precisamente de grandes momentos ni de esperar a tener un día entero para desconectar. Es más, si esperamos a tenerlo, puede que nos perdamos por el camino muchas de esas pequeñas alegrías del día a día, esas oportunidades que tenemos disponibles y que es importante aprovechar porque son poderosas. Eso sí, la psicóloga me insiste en que de alguna manera hay que entrenar para ello porque la percepción del valor de las cosas depende al cien por cien de nosotros. Es importante no esperar para hacer algo que nos haga sentir bien, sino mirar qué cosa aparentemente insignificante podemos hacer ahora mismo, justo ahora, para estar un poco mejor. «Y la mayoría de las veces, la respuesta puede estar en llamar a una amiga, quedar a tomar un café, aunque sea rápido y no podamos estar todo el tiempo que queramos. Se trata de aprovechar lo que SÍ podemos hacer», me dice resolviendo el posible dilema de no saber bien por dónde empezar.

Ese SÍ tiene que ser con mayúsculas porque la esencia de la filosofía de esta psicóloga es focalizarse en el poder de lo pequeño y de lo que está en nuestras manos. Y eso pasa por dedicar un poquito más de tiempo a interactuar con las personas que queremos, sea de la forma que sea. Por si no había quedado claro todavía, el apoyo de la gente que tenemos alrededor es fundamental.

Y María me recuerda que tener una red de personas para escucharnos, para pensar en nuestras necesidades, para cuidarnos emocional y físicamente, es fundamental. Aunque no tengamos contacto constante con ellas (piensa en todas esas «personas casa» que te calman, te dan paz, que tienen la palabra que necesitas cuando empiezas a entrar en bucle), se trata de saber que están ahí y que responden a nuestra llamada. Todo eso nos permite mantenernos en nuestro centro, así que tenemos que dedicar tiempo a relacionarnos con esta red. También debe ser otra de nuestras prioridades «porque es bueno para la autoestima y para que todo el cuerpo se relaje. Y se relaja y calma porque se siente en un lugar emocionalmente seguro, en el que nadie nos va a juzgar y podemos dejar de estar con máscara y en alerta», me recuerda.

Sus palabras me hacen pensar inmediatamente en mi marido, en mis hijas, en esas amigas con las que puedo decir lo que pienso (aunque no siempre sea lo políticamente correcto, sabiendo que no me van a juzgar), en compañeras de trabajo con las que comparto conversaciones sinceras cuando tengo un mal día..., personas que dan buen rollo y no demandan la energía que a veces requieren otras relaciones sociales.

Aunque las interacciones con esas personas de confianza son una fuente de energía (de la que suma, no resta), es interesante la reflexión que hace la psicóloga, que siempre alude a la conveniencia de introducir hábitos poco a poco: «No podemos pretender convertirnos en una relaciones públicas cuando hasta ahora ni siquiera encontrábamos cinco minutos para tomar un café», adelanta calmando esa ansiedad que puede entrarnos a cualquier mortal (con poco tiempo libre) después de reconfirmar que las relaciones sociales pueden restar cansancio y sumar años de vida. Saber que algo es bueno, pero no poder llevarlo a la práctica, también agobia. Y estresa. Y cansa. Pero es cuestión de ponerlo todo en perspectiva e ir poco a poco. El «Despacito y con buena letra» de toda la vida.

## Una lista para cuidar las relaciones

Para interiorizar todo lo anterior como hábito, esta experta siempre refrenda la importancia de hacer listas porque «visualmente necesitamos colocar las cosas». Y a la hora de cuidar nuestro círculo social también son muy útiles.

«Se trata de poner en el número 1 de esta lista *Cuidar mi bienestar* y ahí enumerar las diferentes formas en las que podrías hacerlo. Lo que importa es que pongas cosas sencillas, pequeñas, que te veas capaz de integrar en tu vida. No tienen por qué ser cosas que vayas a hacer todos los días», explica. Y sí, el propósito de quedar con una amiga cada cierto tiempo a la que no ves también se agenda. «Puedes poner: *Quedar con mi amiga Pepita una vez cada dos meses*. Y, dado que tu mente lo interpretará como algo tan pequeño que lo puede lograr fácilmente, no pondrá resistencia», explica.

María Martínez insiste en algo necesario sobre todo para personas procrastinadoras: «No dejes a la aventura aquello que quieras integrar en tu vida. A aquello que sea una prioridad concreta, ponle fecha y avisa e implica a quien (o quienes) corresponda. Así será real para tu subconsciente y podrá ocurrir». Se trata de que todo ocurra y no se quede en un propósito difuso. Y al hacer este ejercicio, o cualquier otro, se pretende hacer hueco a las relaciones sociales que en ocasiones también posponemos las mujeres cansadas en nuestra lista de quehaceres con un «A ver si quedamos» que no llega nunca.

A partir de ahora, seré de las que, cuando hable con una amiga y digamos de quedar, haga todo lo posible por poner fecha y hora a la cita en lugar de perderme en conversaciones vagas, de esas en las que dices: «Ya hablamos para concretar» o «Me organizo y te digo». Porque al final ese «te digo» no se concreta nunca y la cita no sucede.

## Otras formas de cuidar a nuestra red de apoyos (sin salir de casa)

Cuidar las relaciones sociales no solo implica quedar (ese pensar a lo grande ya puede dificultar dar el paso). Hay otras formas de hacerlo y también hay que ponerlas en la lista. Para la experta, se trata de apuntar incluso esas cosas que sí podemos hacer diariamente para mantener, mimar y atender a nuestro círculo de apoyo. A veces basta con un mensaje, ese mensaje que no mandamos porque no tenemos una hora entera para conversar. O esa llamada de cinco minutos que no hacemos porque es demasiado poco y lo que me gustaría es poder hablar tranquilamente. Sacar un momento para un café, para una videollamada, para lo que sea. «Escribe tus opciones, esas que podrías cumplir con alguna de esas personas una vez al día. Y ponte en marcha», sugiere.

Por ejemplo, se trata de preguntar cómo está a una amiga que se encontraba regular la última vez que os visteis. Y mejor un wasap que esperar a la siguiente vez que quedes con ella y en la que, probablemente, hayas olvidado que la última vez que os visteis tenía problemas en el trabajo, por ejemplo. Poco es mejor que nada. Y esos pequeños detalles te pueden alegrar el día, tanto cuando te preguntan a ti como cuando preguntas tú y sientes el agradecimiento de la otra persona por haber tenido ese pequeño detalle. La vida cotidiana es un poco eso, los pequeños detalles, lo ordinario que hace que la foto grande sea maravillosa.

## Limitar el uso del móvil en los encuentros

Llegados a este punto de idealidad necesaria en la vida real, en mis conversaciones tanto con María Martínez como con el doctor Vicente Mera, vuelvo a bajar a tierra y saco a la palestra el móvil para hablar sobre cómo nos está afectando en las relaciones personales cuando no se usa precisamente para mandar un mensaje cariñoso a una de esas personas queridas de las que hablábamos antes. Yo he llegado ya a ese punto de dependencia en el que durante una comida o reunión con amigos me cuesta no sacarlo del bolso y no mirarlo cada cierto tiempo, como si el posible wasap que pudiera recibir fuera a cambiar mi vida o la de alguien. Al fin y al cabo, la vida de los demás no depende de mí y esa sensación compulsiva de estar siempre conectada no es necesaria ni positiva. Y resta calidad a esos encuentros. Además, como dice mi madre, antes no había móviles y te enterabas de las cosas igual. Y tiene toda la razón. Las madres, siempre sabias.

No descubro la pólvora si digo que usar el teléfono durante las reuniones fomenta la desconexión con las personas, el distanciamiento, y resta calidad a esos encuentros. Y si pensamos a largo plazo, también empeora la calidad de vida. Eso no significa que dejemos de usarlo por completo —a estas alturas de la película es imposible, y tampoco se trata de renegar de sus bondades—, pero limitarlo sería otra manera de estar mejor (y menos cansadas).

Además de los beneficios inmediatos que tiene mirarlo un poco menos (cuando lo consigo durante más de diez minutos y me dedico a hacer otras cosas mi sensación de bienestar es casi inmediata), el experto de Sha Wellness confirma que limitar el uso de dispositivos móviles podría tener un efecto positivo en la longevidad y el bienestar. ¿Los motivos? «En primer lugar, ayuda a reducir la exposición a la radiación, especialmente en quienes pasan largas horas con el teléfono. Pero, aún más importante, esta limitación podría mejorar nuestro bienestar emocional y social, dado el valor tan crucial que tienen las relaciones cercanas y significativas en las personas longevas de las zonas azules. En definitiva, al reducir la dependencia de los móviles y priorizar la conexión humana, podríamos mejorar la calidad de nuestras relaciones, nuestro estado emocional y, en última instancia, nuestra salud general».

Como se trata de ir poco a poco y de volver a disfrutar más de nuestras relaciones con los demás (en modo consciente y no cada uno con un móvil que se deja de mirar solo para hacerse un selfi y vuelta a empezar), una alternativa es limitar su uso durante los encuentros con amigos y familiares. Y aunque hay recursos prácticos para lograrlo —ya hay lugares que proponen dejar el móvil en una cesta durante la cena—, al final, como dice María, es una cuestión que hay que consensuar con todos los presentes. También conviene reconocer que tenemos una querencia grande por consultar el móvil para todo, la mayoría de las veces de una forma automática. ¿Cuántas veces lo desbloqueas para mirarlo sin ningún objetivo específico, simplemente porque es una especie de impulso? Yo incluso necesito darle la vuelta a la pantalla para evitar que mi mirada vaya a la dopamina barata en forma de notificación de mensaje (y me desconcentre otra vez). Piensa que si disfrutar de este tiempo con los demás requiere prestarles atención, quitar el móvil de la vista puede ser una buena idea. Y no, no vale darle la vuelta para que no nos llamen la atención las notificaciones, sino apartarlo.

Empezar a soltar lastre, despegarse del móvil en situaciones sociales en las que inevitablemente está presente y decidirse a ser la primera en hacerlo y animar a los demás a seguir tus pasos no es fácil. Pero se puede (y se debe) hacer. Por nosotras, por nuestro cansancio, por el cansancio ajeno, por el bienestar de todos.

«Por ejemplo, se puede hacer un juego de "quien antes mire el móvil paga". Porque necesitamos deshabituarnos de él. Hacer el acto consciente de quitarle el protagonismo, pasar el mono de querer mirarlo y empezar a prestar atención a las personas que tenemos al lado. Mirarlas a los ojos, reír, disfrutar. Recuperar lo que teníamos antes de los smartphones. Y eso no significa que los rechacemos, significa ponerlos en su lugar y recuperar el nuestro. Recuperar nuestras relaciones haciéndolas presentes, protagonistas.

Poco a poco, sin estrés. Si no se puede hacer de golpe, empezamos por apartar el móvil de la vista un poco más que la última vez. Porque todo lo que hacemos por obligación y con esfuerzo dejaremos de hacerlo. Ha de ser por convicción y ganas», me recuerda María.

Ella lo llama *modo kaizen* en referencia al término japonés que viene de *kai* (cambio) y *zen* (amable, fluido, sencillo). Yo lo llamo el «poquito a poco» de toda la vida o el «Un poco más que ayer, pero menos que mañana».

# 9

# Automatizar decisiones como qué ponerse cada día

Hace tiempo escribí un artículo en primera persona que, si hago balance de los centenares que he publicado en veinte años, podría encabezar el ranking de los más comentados entre mujeres de círculos diferentes de mi entorno. Bajo el título «Llevo tres años vistiendo (casi) igual y así se ha aligerado mi carga mental», contaba y analizaba con la ayuda de varios psicólogos cómo mi decisión de simplificar mi forma de vestir me había reportado mucho bienestar.

Esa simplificación se reduce a un armario cuajado de vestidos negros. «Nunca son suficientes», bromeo con amigas cuando me preguntan si el que llevo puesto ese día es una nueva adquisición o se parece a los otros tantos que suelo enfundarme. Y también de prendas en colores básicos que utilizo cual autómata cada mañana sin dejar margen a la imaginación ni al riesgo de experimentar, que a mí me generaba mucho estrés. Y de conjuntos de dos piezas —ojo, que esa sección del *e-commerce* de Zara y compañía no para de crecer con nuevas propuestas cada semana, lo que confirma la demanda real de básicos y ropa que facilite las decisiones—.

Durante muchos muchos años, he derrochado tiempo, dinero y energía probando con otros colores que no fueran negro, gris o blanco; con estampados para dar gusto a mi madre —me dice que soy un poco aburrida yendo siempre de negro— y con patrones diferentes a los vestidos midi y largos con los que me siento tan cómoda. Alguna vez arriesgaba y ganaba con el cambio, pero en la mayoría de las ocasiones me sentía incómoda con las mezclas nuevas y deseaba volver a casa para enfundarme mi uniforme tradicional. Y otras tantas, como me sentía mal por arrinconar la prenda en cuestión en mi armario, me obligaba cada cierto tiempo a ponérmela, para amortizarla y justificar el gasto. Aunque cuando lo hacía siempre elegía días fáciles, sin reuniones ni eventos importantes, de esos en los que quieres pasar desapercibida y no te importa tanto si la ropa elegida no va mucho con tu estilo.

## Elegir la ropa cansa

Toda esta parafernalia de hechos vinculados con la ropa, aunque pueda parecer un tanto ajena al tema que nos ocupa, no lo es en absoluto. Al final, tener que decidir entre varias opciones, experimentar, probar miles de combinaciones y, en cierta medida, asumir el riesgo estilístico también agota. No, no es una frase pueril y banal. Responder al «¿Qué me pongo?» cada día puede cansar, sobre todo cuando eres una persona indecisa a la que salir de su zona de confort (el «sota, caballo y rey») le puede suponer una carga mental como otra cualquiera.

Al fin y al cabo, es la llamada *fatiga de decisión* de la que ya me hablaba Amagoia Eizaguirre. Ese cansancio que nos resta capacidades cognitivas y mucho bienestar emocional porque nos pasamos el día decidiendo cosas, eligiendo entre varias opciones, solucionado imprevistos y siempre con el nivel de autoexigencia alto y el deseo de excelencia muy presente. Porque así somos las mujeres.

## Cargas mentales que simplificar

El caso es que hay determinadas cargas mentales —esas tareas invisibles que muchas veces pasan desapercibidas pero que restan energía y sin ellas la vida diaria y doméstica serían un caos— que son difíciles de prever, planificar y automatizar. No se puede planificar cómo solucionar esos pequeños imprevistos del día a día: una cita médica porque te ha empezado a doler algo; que haya que comprar fruta porque se ha acabado; llevar a arreglar unos zapatos a última hora; una tutoría en el colegio que tienes que cuadrar en tu agenda porque tu hijo/a no se ha portado bien… Muchas de esas tareas requieren toma de decisiones y soluciones rápidas (por pequeñas que parezcan, requieren un esfuerzo mental que va cargando) y no se pueden automatizar ni adelantar con un patrón determinado de comportamiento. Pero otras tantas sí.

Y parece más que efectivo automatizar las que permiten esta opción o buscar cierta comodidad al resolverlas para liberar espacio mental. A menudo la sociedad espera que soportemos varias cargas a la vez y las resolvamos de buen humor (en parte porque nosotras mismas nos hemos empeñado en hacerlo todo). Ya he mencionado también otros condicionamientos fisiológicos, como esa mayor actividad en el sistema límbico del cerebro de las mujeres. Hablando en plata: una especie de activación emocional que explica que nos tomemos todo más a pecho y seamos más sensibles al estrés. Y aún hay que añadir esa mente en ebullición constante que tenemos desde que nos levantamos: piensa en las conversaciones mentales que puedes mantener en el metro de camino al trabajo contigo misma repasando la lista de tareas invisibles que ya te están restando energía a las 8 de la mañana. Y por último, esa tendencia tan nuestra de repasar una y otra vez las decisiones, entrando en un bucle del que es difícil salir.

Esta no es una reflexión subjetiva, sino una realidad cuantificada con datos. Por ejemplo, los que proporciona el Instituto Nacional de Estadística: el 86 por ciento de las mujeres dedica más de veinte horas semanales a tareas no remuneradas, desde gestión del hogar a cuidado de hijos, mayores o familiares, frente al 57 por ciento de los hombres. Una situación que desemboca en otra realidad cuantificada con más datos, en este caso los del Ministerio de Sanidad: la mayor prevalencia de problemas de salud mental entre mujeres que en hombres (en 2023, por ejemplo, fue de 374 en la mujer por cada mil habitantes, frente a 310 en el varón).

Sin ánimo de dibujar un contexto desolador, vuelvo a las bondades de crear rutinas para ciertas tareas diarias. Y a buscar maneras de automatizar ciertas decisiones repetitivas para simplificar y, sobre todo, para reservar la mayor parte de nuestra energía de decisión y nuestras capacidades cognitivas para otros contextos que sí requieren rapidez e improvisación.

## Facilitar la decisión de qué ponerse cada día

En el terreno de la ropa hay muchas maneras de conseguir que esa decisión diaria que hay que tomar sí o sí —que se puede complicar más o menos en función de tu indecisión y exigencia en la materia— sea fluida, rápida, con coste cero de energía mental y muchos beneficios a lo largo del día. Bien es cierto que la moda es una forma más de expresión, y sentirte cómoda con lo que llevas puesto también da seguridad.

Para hablar de esto he recurrido a María José Pérez. Ella es periodista de moda, trabajamos juntas durante muchos años en *Vogue* —querida, cuánto te echo de menos—, y cambió su trabajo en las redacciones por el emprendimiento, fundando una interesante plataforma, DModa, en la que habla de «la moda con fundamento y sin complicaciones». Seguidla porque da recomendaciones muy prácticas y visuales de cómo saca partido a su ropa.

María José es una de esas personas con una mente prodigiosa en todos los terrenos, pero especialmente en el de la moda. Y no lo digo solo por todos los conocimientos que atesora en este campo, sino también por su capacidad de organización y su habilidad para dar consejos de estilismo hiperprácticos, de esos que te hacen querer ir a Zara y saber qué prendas comprar para vestir en función de tus deseos y necesidades y no solo en base a tendencias. Es tan organizada en este sentido que planea sus looks de la semana con la misma precisión y metodología que los menús. Alguna vez ha compartido vía Instagram alguno de sus collages con esos looks de emergencia que tiene ya preparados. Y dan fe de lo claro que tiene María José la posibilidad de crear fórmulas a la hora de vestirse para no convertir una decisión aparentemente divertida en una tortura.

## Preparar un *batch* de looks el domingo por la tarde

A María José le divierte vestirse y experimentar con la moda, pero confiesa que también le cansa decidir cada mañana. Por eso lo planea el domingo por la tarde y así termina dedicándole menos tiempo a vestirse. Hace lo que ella llama un *batch* de looks para evitar plantarse delante del armario de lunes a domingo. «Eso me estresaría demasiado y terminaría harta de mi ropa y de mí misma», me adelanta.

Como a todo el mundo, decidir qué ponerse en ciertos momentos de su vida o en etapas complicadas le ha cansado aún más. «Lo que sí me ha pasado es que, en épocas personales difíciles, especialmente por temas de salud física y mental, no me ha apetecido vestirme, maquillarme o, en general, cuidar de mi imagen; sé que es algo muy común, especialmente en procesos de duelo. Sin embargo, distintos psicólogos clínicos me han insistido en la importancia de incluir rutinas de autocuidado en esos momentos para minimizar el riesgo de desarrollar, por ejemplo, depresión, y dentro de ese autocuidado, la imagen juega un factor importante», me cuenta antes de desvelar su particular fórmula de la Coca-Cola para elegir la ropa cuando el cansancio la sobrepasa.

Por una parte, recurre a fórmulas. «Tengo la suerte de ser disciplinada, y si tengo un plan, lo sigo, me guste o no me guste. Así que, si tengo ya un look planeado o una fórmula a la que recurrir, sencillamente lo hago sin pensar. No tengo que tomar una decisión en el momento porque ya estaba (más o menos) tomada anteriormente o en un momento en el que me encontraba mejor para, precisamente, hacerme la vida más fácil cuando la cosa se pone complicada», dice.

Esta propuesta me recuerda todos esos básicos y combinaciones de ropa de las que tiro cuando no me apetece pensar ni experimentar. Sé que quedan bien y, sobre todo, que me hacen sentir cómoda, no importa cuántas veces me los haya puesto en las últimas semanas si lo que necesito en ese momento es no pensar.

También funciona, y mucho, centrarse en las prendas que te hacen sentir confort físico. Porque efectivamente el cansancio físico y mental pueden afectar a la concentración y, como dice María José, «si encima hay que estar pendiente de algo que aprieta, que se mueve demasiado o que no se queda en su sitio, apaga y vámonos. Ya habrá tiempo para ese vestido de fiesta o esa camisa transparente que deja ver el sujetador ideal: en los momentos difíciles, lo que necesito es un abrazo. De mi ropa también».

## Fórmulas para vestirse

Los consejos de María José me recuerdan a todas esas veces que me he enfundado unos vaqueros porque era la época de los *mom jeans* —sí, vaqueros de madre— y me he lamentado después por no haberme puesto uno de mis vestidos infalibles, que son los que me hacen sentir bien, en mi zona de confort. Y cuando eso ocurre puede afectar a la concentración, entre otras cosas, y perturbar esa sensación de confianza y seguridad que necesitamos tener para afrontar el día.

Por eso, tanto para evitar consumir energía a la hora de decidir qué ponerse como las posteriores quejas y reclamaciones a una misma que pueden surgir cuando el look elegido no te hace sentir bien (eso también cansa), le pregunto por la posibilidad de crear una especie de uniforme a diario en el caso de que la elección de ropa nos pueda estresar y cansar. Y ella da el beneplácito a esta opción, pero prefiere llamarlo *fórmula*, por si la palabra *uniforme* implica cierta restricción o una carga negativa.

Connotaciones lingüísticas aparte, en esencia viene a ser lo mismo: escoger esas prendas que te gustan, que te hacen sentir bien y que sientan bien juntas. Se trata de no tener que pensar y poder recurrir a ellas una y otra vez cuando queremos reservar la energía y nuestra capacidad de decisión para otras tareas.

## Jugar con las categorías de ropa sin salir de la zona de confort

Está bien tener un uniforme muy concreto a lo Steve Jobs, pero también es posible innovar mínimamente sin salir de esa zona de confort para minimizar riesgos de desgaste mental. Por eso, si queremos un poco de variedad, la experta aconseja recurrir a las categorías.

«Imagina que tu uniforme es una blazer gris marengo, un jersey crema y unos vaqueros de tiro alto. ¿Por qué no hacer variaciones más allá de los accesorios? Puedes optar por una blazer crema y un jersey burdeos; por unos pantalones de tiro alto en caqui o por cambiar el tejido y mantener la silueta; por jugar con las medidas de las hombreras y el ajuste del jersey… El uniforme va a ser el mismo porque las categorías de las prendas son las mismas, sabes que te va a funcionar, pero vas a tener la sensación de estar probando algo nuevo y eliminar el hartazgo que a veces puede venir de la idea del uniforme», explica.

La verdad, incluso yo, incondicional hasta la médula de los vestidos negros, a veces necesito cambiar. Y parece relativamente fácil poner en práctica esta recomendación: en mi caso podría bastar con comprar el estilo de vestido que me gusta en varios colores (oscuros, por favor); invertir en dos o tres pantalones de pinzas *oversized* para combinar con todos esos jerséis negros que atesoro en el armario y alternar esas prendas con botas o botines (mi categoría preferida de zapatos) para salir del «sota, caballo y rey» en el que me suelo instalar para aligerar mi carga mental. Es cierto que, cuando te sales un poco de ese esquema uniformado, le das un toque de emoción estilística al día a día. Y tampoco viene mal.

## Cómo organizar el armario

Estamos intentando crear una especie de método autómata para que decidir qué ponerse no represente gasto alguno de fuerzas. Para ello es importante invertir antes algo de tiempo en preparar el camino. Es decir, en organizar el armario y configurarlo de tal forma que sepamos de forma rápida a qué prendas recurrir y cómo.

En mi caso, es un trabajo fácil: mi armario se compone de más de una docena de vestidos negros (algunos más básicos, otros menos) que voy alternando en función del día y la situación. También contiene otros básicos recurrentes que uso sin parar: jersey gris, falda negra, vaqueros blancos, blazer de cuadros… Y la aparición estelar y puntual (para dar gusto a mi madre y porque una vez al año no hace daño) de algún vestido con estampado que me gusta y me hace sentir bien para momentos más especiales. He desterrado por completo las prendas con las que no me siento cómoda porque eso también me cansaba. Al final, ser consciente de mis gustos, necesidades y de lo que tengo en el armario (hay personas incluso que fotografían las prendas para hacer una especie de archivo visual) es otra forma de descansar la mente.

## Nuestra lista de básicos

María José me hace una aclaración muy interesante. No he parado de hablar de «básicos», pero ella nos propone, con todo el sentido del mundo, redefinir este concepto a nivel personal. Eso también nos proporcionará cierto alivio mental, sobre todo si la típica sección de básicos de Zara, COS, H&M… no acaba de encajar con tu concepto y estilo. Para ella es importante resignificar lo básico. Tendemos a generalizar y es muy necesario que cada una identifique cuáles son sus básicos (y no los de la vecina).

«Quizá coincidan y está muy bien inspirarse en las listas de otras personas para descubrir los tuyos, pero esas prendas deberían ser tan personales como tu nombre y apellidos: de nada sirve que te compres una camisa blanca porque está en una lista de básicos imprescindibles si tú luego en tu día a día no estás cómoda con una camisa blanca y, en cambio, prefieres un vestido de flores que sabes combinar de varias maneras y con el que no tienes que pensar demasiado», me dice describiendo una situación que me resulta muy familiar (todavía no he conseguido convertir una camisa blanca en algo fundamental que me resuelva dilemas).

El procedimiento que me va a ahorrar energía frente al armario a partir de ahora es bastante sencillo: detectar cuáles son las prendas que más utilizo y si se adecúan a mis necesidades y rutinas para determinar las categorías en las que tengo que hacer hincapié. «Por ejemplo, si trabajas de nueve a cinco en una oficina formal, es poco probable que necesites cinco pares de zapatillas deportivas y sí puedas incorporar más blazers en tu armario», ejemplifica María José. Tiene toda la razón: lo que es básico para mí puede no serlo para ti. Y entonces volvemos a la rueda, a menudo autoimpuesta y agotadora, de querer cumplir con ciertos códigos que no encajan en nuestra rutina.

Una vez tienes esas categorías prácticas y con las que te sientes bien —claramente yo soy más de falda que de pantalón y de jersey que de camisa—, se trata de hacernos con varias prendas de cada una de ellas en una paleta de color con la que nos veamos favorecidas. Y esto me aporta felicidad absoluta porque confirma que no es mala opción la tendencia que tengo a comprarme el mismo vestido o pantalón que me gusta en varios colores porque hacerlo me resuelve varios dilemas de un plumazo.

Pero como dice mi querida María José, el color también hay que tratarlo como el concepto de básicos: aunque es cierto que se nos ha vendido que los neutros son más sencillos de combinar (negro, blanco, gris o beis), a quien le gusten los estampados y los tonos vivos, vestirse completamente de negro o blanco no le resultará tan fácil como a mí y precisamente los *prints* o el naranja y el azul serán sus tonos básicos. Ya se sabe, para gustos, colores (nunca mejor dicho).

La clave está en construir nuestra propia paleta, detectando cuáles son los colores llamativos que convienen a cada una según gustos y también según los mensajes que se quieran transmitir. Y rodearlos de algunos neutros que les vayan bien. Las alumnas aventajadas podrían recurrir a los diccionarios de color que incluyen cientos de combinaciones y paletas y que pueden ser una herramienta de inspiración muy útil. Sobre todo, para las más creativas que quieran experimentar y en ocasiones sientan ciertos bloqueos (no es mi caso, porque como amante del negro y el gris, jugar con los colores de forma experta no entra en mis planes).

## Eliminar impedimentos

He aquí el quid de la cuestión que estamos tratando: la importancia de eliminar bloqueos, obstáculos en el camino, resistencias o, como diría el experto en hábitos James Clear, «puntos de resistencia». Al final, en este objetivo de simplificar y de obtener resultados —no hablo de productividad, sino de bienestar—, hacerlo fácil y bonito es necesario.

Se trata de tener el camino despejado para aliviar el estrés decisional y no encallarse en algo tan aparentemente sencillo cómo vestirse cada mañana. Pero esto también se aplica y se puede extrapolar a otros terrenos, como decidir qué comer cada día: para eso los menús semanales ayudan a aliviar ese estrés. O hacer ejercicio sin perder media hora antes dando vueltas por casa debido a la pereza que puede dar tener que ir a un gimnasio lejano o tener que encajar la clase de turno cada día a una hora diferente, con la carga que implica siempre hacer ese ejercicio de ajustar todas esas obligaciones. O sistematizar la compra semanal, calendarizando incluso el momento y con lista previa para evitar olvidos que implican idas y venidas al supermercado todos los días de la semana.

El caso es detectar qué tareas diarias se pueden automatizar de cierta manera y entonces aligerar el proceso para cumplirlas con estrategias que nos ayuden a nivel personal. Cada persona es diferente. El hecho de que a mí crear uniformes a la hora de vestir me haya aliviado esa carga no significa que sea una solución universal. De hecho, para muchas personas elegir qué se ponen es un momento de esparcimiento y placer con el que disfrutan. Y hablar de mecanizar esta decisión para ahorrar tiempo y energía les parece el plan más agotador del mundo. El caso es elegir lo que más encaja en tu vida para aligerar esa mochila que a veces cargamos con exigencias innecesarias que restan puntos al marcador de la energía.

## Combinaciones de ropa que dan paz mental

Doy fe de que a María José le divierte experimentar con la ropa —durante los años que trabajamos juntas me encantaba verla entrar cada mañana a la oficina y comentar su elección estilística del día—. Pero para ella también hay ciertas combinaciones que le dan paz mental y la ayudan a aligerar su día a día, bien cargado, por cierto, como buena emprendedora.

Una de sus combinaciones es un jersey o camisa *oversized* y pantalón amplio de tiro alto. «Me gustan las medidas XL, el estilo masculino y el mensaje que transmiten actualmente va en sintonía con lo que me gusta contar con mi ropa, así que esa es mi fórmula», confiesa.

Pero es interesante que cada una pueda encontrar su fórmula (o su combinación rápida) para, o bien planear los looks con facilidad, o bien improvisar por la mañana con poco tiempo y sin margen de error: vestido ajustado + cárdigan; traje de chaqueta + zapatillas; vestido de punto + blazer; camisa + jersey + falda… María José me asegura que las posibilidades son muy amplias, y que si se tienen claras cuáles son las categorías de básicos, las fórmulas salen solas.

Eso sí, tampoco descarta, sobre todo si eres de esas personas a las que la planificación les da paz y energía, planear los looks derivados de esas fórmulas para una semana entera. Así, además de la tranquilidad mental que da saber que se tiene el trabajo hecho para los próximos siete días, te aseguras de no ir con prisa, de que todas las prendas estén listas para usar cuando te vayas a vestir y de tener variedad visual.

## El consumo consciente

Si después de todo esto estás pensando en cambiar tu forma de comprar —yo hace tiempo que dejé de ir a Zara por impulso y sin un objetivo claro, y ahora compro mucho mejor haciendo análisis y trabajo de prospección en la web, ya sea para comprar online o simplemente por tener las cosas claras antes de ir a la tienda—, he aquí otra recomendación para elegir en función de tus gustos, sin cansarte: apostar por aquello que sabes que vas a llevar mucho y vas a combinar de todas las maneras posibles; es la manera más sencilla de iniciarte en el consumo consciente sin ponerte demasiada carga sobre los hombros.

«Todos sabemos que el *fast fashion* no es sostenible, pero no se me ocurriría decirle a alguien que no llega a fin de mes, o cuyo presupuesto de ropa tiene que ir ese mes para sus hijos porque se le han roto los zapatos, que tiene que gastarse X dinero en una prenda solo porque está hecha con algodón ecológico. Lo personal es político, pero cada una tiene que hacerse cargo de sus circunstancias sin sentir culpa por no hacerlo todo como querría o como debería», reflexiona la creadora de DModa.

El problema es cuando se consume por ocio, es decir, cuando compras ropa para cada evento especial que se avecina, aunque tengas el armario abarrotado de vestidos o trajes que podrías usar para la ocasión. Pero, claro, si quieres estrenar algo siempre con la excusa de que tienes una fiesta, se lo has visto a una amiga o la frase típica cuando se te acaban los argumentos —«Para eso trabajo»—, puede que estés empezando a complicarte de más y a consumir de una forma poco consciente. Es cierto que estamos sometidas a muchos estímulos visuales y es normal caer en la tentación. Además, tampoco es fácil acertar siempre y saber cuánto se va a usar una prenda cuando te la pruebas por primera vez en un probador que poco o nada tiene que ver con la vida real.

## La regla del 3 para comprar mejor

Para evitar esas compras por impulso o aquellas en las que te haces con una prenda porque te encanta pero que luego no te pones nunca porque «no casa» con el resto de tu armario, mi experta invitada tiene una recomendación infalible para detectar si eso que quieres comprar va a ser un básico para ti y le vas a dar buen uso: pensar en (mínimo) tres looks completos con él. «Por supuesto, cuantos más te salgan, mejor, pero ese puede ser un buen punto de partida antes de pasar por caja», advierte.

Por tanto, no pretendo hacer una lista de prendas infalibles con las que deberías hacerte sí o sí. Se trata de encontrar los básicos que nos van a dar juego a cada una a la hora de vestir y van a sumar ese bienestar emocional de autodescanso que perseguimos. Yo me he entregado a las bondades de los vestidos con cero riesgos para no tener que imaginar posibles combinaciones porque me agota decidir entre varias opciones (en cualquier ámbito de mi vida). Y estoy enganchada a la sección de conjuntos de dos piezas de cualquier *e-commerce* porque me lo dan todo hecho y me proporcionan ciertas dosis de paz mental. Además, estas fórmulas de dos piezas ofrecen estilismos apetecibles, pero también pueden separarse y dar pie a otras mezclas que multipliquen las posibilidades sin tener que complicarse demasiado en ese proceso de decisión (que en mi caso suele ser indecisión absoluta).

Se trata de encontrar alternativas para hacerse la vida más fácil, sea desde el prisma que sea. Y en el caso concreto de la ropa, si todos estos recursos nos lo ponen fácil por la mañana y nos hacen sentir mejor, bienvenidos sean.

# 10

## Rutinas domésticas que descansan la mente

Las rutinas sientan bien. Incluso a las personas que afirman alto y claro que detestan la monotonía y que no valen para hacer todos los días lo mismo. Puede que esas personas no lo sepan, pero los expertos en neurociencia siempre repiten que el cerebro se pasa el día anticipando, necesita saber «lo que va a venir». Y crear rituales que ya conozca a modo de respuesta produce mucha paz mental y, sobre todo, reserva energías (es lo que más necesitamos las mujeres cansadas) para otras cosas que no se pueden improvisar. Digamos que la rutina libera cierto espacio mental para decidir cuándo de verdad se necesita decidir.

«Cuantos más detalles de nuestra vida cotidiana podamos entregar a la fluida custodia del automatismo, más libres quedarán las facultades superiores de la mente», afirmó el psicólogo William James en 1890. Eso por no hablar de que la sensación de orden —sin volverse loca y con la flexibilidad siempre presente para tener la capacidad de adaptarse a todo lo que supone el estilo de vida actual— siempre aporta bienestar. Precisamente por eso los psicólogos se empeñaron durante la pandemia en recordarnos la importancia de conservar ciertas rutinas cuando tuvimos que estar meses encerrados y era fácil caer en la desidia y en el desorden que provoca el aislamiento y el no tener nada pautado que hacer.

En nuestra vida de mujeres A-G-O-T-A-D-A-S, y en mi particular búsqueda de herramientas que usan las féminas de mi entorno para aliviar ese cansancio, me gustaría hablar de las estrategias (superprácticas) de otra mujer a la que admiro: Rocío Escalante. Ella es farmacéutica, «fan de la belleza», como ella misma dice, empresaria y madre (y otras muchas cosas). Y conocedora de esa sensación que se ha convertido en protagonista de este libro de «No llegar a todo» y de pasarse el día cansada. No solo porque ella misma la experimenta, sino porque la ve al otro lado del mostrador en su farmacia, por donde pasa mucha gente buscando soluciones a ese cansancio.

Rocío cree que nos falta verbalizarlo más a menudo. Nos movemos en piloto automático y parece que si no vamos estresadas por la vida no lo estamos haciendo bien. Si no está la agenda llena de eventos, nos sentimos mal, y eso no es normal. Y aunque existen productos que ayudan con el estrés o la fatiga, todo esto es un problema de base. Esos recursos son parches instantáneos porque el ritmo de vida que llevamos es el verdadero problema.

## Liberar espacio en la mente

Precisamente por todo eso, Rocío confía plenamente en el poder de las rutinas y en el de «las dosis de cafeína en solitario» a primera hora de la mañana antes de que empiece el frenesí diario. Se considera bastante organizada, para lo bueno y para lo malo. Por eso intenta no dejar hueco a la improvisación en el ámbito profesional. «Si tengo que cambiar cosas en el último minuto, que sean por ocio. Así la carga mental se hace un poco más liviana», me cuenta. Algo en lo que coincido plenamente.

Aunque es cierto que hay que aprender a abrazar la incertidumbre —puede sonar a frase manida, pero es una realidad que el mundo actual nos ha dejado bien claro—, hay muchas situaciones cotidianas que de alguna manera se pueden sistematizar para evitar esa fatiga de indecisión que tanto agota y el estrés que provoca la improvisación a mucha gente (yo soy de esas personas a las que se les ponen por las nubes los niveles de cortisol cuando algún amigo me dice que está cerca de mi casa y deja entrever la posibilidad de vernos en ese mismo momento, sin previo aviso).

Hace tiempo que Rocío aprendió a intentar dejar fuera de su mente y no darle vueltas a las cosas que pueden hacerse al día siguiente o que no son urgentes (yo aún lo sigo intentado, no puedo evitar irme a la cama siempre con algún runrún y varios «Tengo que»). Pero quizá sería un buen paso hacer como ella y tenerlo todo en la agenda apuntado para liberar espacio del disco duro.

Y cuando Rocío dice apuntarlo todo, es todo, incluso esas cosas que se vienen a la cabeza en la calle o en plena ducha: desde las más importantes a las más insignificantes. No importa tener cientos de listas en el móvil si eso ayuda a liberar la mente, que no tendrá que hacer el esfuerzo de pensar en qué estaba pensando (valga la redundancia) o qué tenía que hacer. Es un gran consejo porque yo, que presumo de ser organizada y necesitar tener todo más o menos previsto, confío demasiado en mi memoria y no suelo apuntar nada, ni mucho menos hacer listas. Y eso acaba sumando más estrés debido al desafío que planteo a mi cerebro y la desesperación que me genero a mí misma cuando sé que tengo que hacer algo, pero no recuerdo el qué.

## Las rutinas de mañana comienzan por la noche

El caso es que Rocío tiene clara su hoja de ruta y cómo liberar espacio en su mente para dedicarlo a tareas y decisiones que no pueden ser anticipadas. «Parece una tontería, pero acostarme dejando preparado todo lo que necesito por la mañana me ayuda mucho. Hacerlo me lleva quince minutos como mucho, pero te aseguro que si lo dejas para el día siguiente mínimo consumes ese tiempo solo pensando qué ponerte. Para mí es fundamental dejar la mesa del desayuno, mi ropa y la de las niñas, sus mochilas para el colegio, incluso productos cosméticos que voy a usar (aparto por la noche los que voy a utilizar por la mañana), ordenador y bolso».

Y se detiene en un hábito fundamental para no perder tiempo, ni sumar estrés por la mañana: «Cada persona tiene su rutina familiar de alguna manera establecida, pero en mi caso yo nada más levantarme me arreglo y cuando ya tengo todo lo importante gestionado es cuando puedo tontear con el móvil, el periódico, el ordenador». Durante una temporada, también probé a esconder el móvil al levantarme y así no mirarlo hasta salir de casa. Y conseguí ganar tiempo y mucha paz mental. Al fin y al cabo, me ahorraba mirar notificaciones y emails que en algunos casos sumaban una carga de estrés innecesaria porque no podía resolverlos en ese mismo momento. Pero anticipaban muchas cosas del día y me dejaban con cierto runrún mental pensando en todo lo que tenía que hacer. Y ya tengo bastante runrún en mi cabeza de serie como para sumarle voluntariamente otro poquito más. Lo malo es que lo sigo usando a modo de alarma, aunque soy plenamente consciente de que sería mejor recurrir a un despertador analógico y sacarlo del dormitorio.

## *Batch cooking* para mujeres cansadas

Dentro de este capítulo de rutinas domésticas que de alguna manera se pueden mecanizar para no dejar casi nada a la improvisación, la planificación de las compras y las comidas juega un papel fundamental.

Puede que hablarte de los beneficios del *batch cooking* —esa tendencia (viral) de cocinar un día a la semana dejando varias comidas base que luego se pueden combinar para hacer platos rápidos el resto de la semana— no sea lo que estás buscando. A mí me pasa igual. Cual *foodie influencer* (salvando las distancias), he intentado ponerlo en práctica un domingo cualquiera firmemente convencida de que el resto de la semana iba a comer rico, sano y bonito (en la era de Instagram esto último también cuenta). Pero la realidad es que he terminado abandonando. Creo que me ha podido la presión por hacerlo tan *instagrameable* como ellas y, ya se sabe, cuando las expectativas no son realistas, se tiende a abandonar. Mejor sencillo, eficaz y con garantía de cumplimiento que superbonito, irreal y con muchas papeletas para el abandono.

Pero que no vaya a hablar de *batch cooking* nivel avanzado no significa que organizar las comidas con cierto orden y planificación no sea una buena alternativa. Al contrario, lo es y también nos ayuda a nosotras, las mujeres cansadas. Más adelante veremos cómo influye la alimentación en nuestros niveles de energía —mucho más de lo que piensas, y no hablamos del cansancio que surge cuando se come poco o hay un déficit calórico, sino de cómo afecta la falta de determinados nutrientes, el estado de la microbiota intestinal o las dietas inadecuadas que pasan factura a la calidad del sueño y que nos hacen entrar en un círculo vicioso.

Ahora se trata de hacer fácil algo que hacemos tres veces al día y que, por lo general, hacemos mal, entre otras cosas por el estrés y la carga mental que puede suponer su organización. Es una tremenda paradoja: nos resulta complicado organizar las comidas por falta de tiempo y cansancio, pero al no hacerlo acabamos por hacer comidas incompletas que nos hacen estar más cansadas aún.

Todo tiene remedio, con iniciativa y buena voluntad. De ello hablo con Laura Parada, otro de mis ángeles de la guarda a la hora de escribir sobre nutrición. Es nutricionista experta en salud hormonal femenina, autora de un libro muy recomendable, *¿Qué nos mueve a comer así?*, y víctima como nosotras del agotamiento diario. Así que digamos que es la persona perfecta para hablarnos de las posibilidades que tiene saber organizarse con las comidas para alimentarse mejor y cansarse menos, ya que con una planificación logramos aliviar la fatiga de decisión que provoca llegar a casa por la noche y tener que responder a la pregunta «¿Y qué cenamos?» con desgana, cansancio y hambre. Fatal combinación.

Y lo bueno es que en su respuesta hay mucho de practicidad adaptada a la vida real. No propone hacer un *batch cooking* cuqui e irreal, que cuando tienes un trabajo a tiempo completo fuera de casa resulta difícil de cumplir. Ni tampoco recorrerte supermercados varios en busca de ingredientes sofisticados y saludables, pero en cuya búsqueda puedes consumir toda la energía que precisamente quieres conservar organizándote previamente.

Aunque parezca más trabajoso pensar en un menú, hacer la compra con antelación, dejar precocidos algunos alimentos o preelaboradas algunas comidas, a la larga ese proceso nos ahorra tiempo. Y lo mejor de todo es que organizarnos nos quitará una carga mental más y será un peso menos para nuestra agitada cabeza.

## Todo empieza al hacer la compra

Esta situación que describe Laura puede que te resulte familiar (a mí demasiado): salir corriendo del trabajo, pasarte por el supermercado a comprar algo para cenar (con hambre) y acabar cogiendo lo que resulta más fácil de preparar, y que generalmente no suele ser la opción más saludable, pero sí la más rápida. Al final, por no pensar, recurres a lo fácil y rico, a lo que te satisface rápidamente, y eso no suele ser lo más recomendable. Por eso los expertos aconsejan tanto planificar las comidas. No es necesario pensar en menús completos, ni tenerlos ya preparados, pero sí tener alimentos que sean fáciles de combinar para preparar una comida nutritiva y elaborada.

Estos son algunos alimentos que debemos tener presentes a la hora de hacer la compra:

- Diferentes tipos de verduras frescas para ensalada, algunas ya cocidas o congeladas.

- Alimentos ricos en proteínas, como huevos, atún en lata, legumbres hervidas o de bote, pescado fresco o congelado y carnes sin procesar.
- Cereales previamente cocidos, como arroz y quinoa.
- Grasas saludables, como aceite de oliva, frutos secos y aguacate entre otros.

De este modo podremos montar un plato en unos pocos minutos. Por ejemplo: arroz cocido con atún, vegetales y aguacate, o un wok de vegetales congelados con tiritas de pollo, quinoa y aceite de oliva. Realmente son ejemplos fáciles, asumibles y saludables. Abrir una bolsa de verduras congeladas —por cierto, son una alternativa saludable porque conservan sus propiedades— y saltearlas con un poco de proteína como pollo, pavo o tofu parece una idea fácil para las mujeres cansadas. Así que tener varias de esas mezclas de verduras de la sección de congelados siempre a mano parece reducir bastante la fatiga de indecisión que suele plantearse cada noche cuando se quiere preparar algo sano sin tener que complicarse demasiado.

## Una reserva saludable de alimentos preparados

Respecto a la otra alternativa de tener una reserva con alimentos que se compran ya preparados (convertidos en clásicos de cualquier supermercado), como gazpacho, guacamole, hummus, caldos o cremas de verduras, aunque la opción casera siempre es la mejor, no son un mal recurso.

Laura Parada confirma que pueden ser una buena alternativa para combinar con alimentos frescos y sin procesar, pero es importante saber elegir cuáles son de calidad y lo menos procesados posible. Por eso insiste en que el número de ingredientes en su etiquetado sea reducido y de productos naturales; todos los nombres deben resultarnos familiares y es preferible evitar los que contienen una larga lista de aditivos, como colorantes, conservantes y edulcorantes, los cuales suelen describirse con letras y números. En Europa se identifican con la letra E seguida de tres o cuatro números.

«Sabiendo esto, podemos elegir los más naturales y así poder decidir nosotros mismos lo que consumimos, sin engaños», me cuenta Laura de la forma fácil y concisa que necesito para ir al súper y hacer una buena compra de buenos procesados que me salven más de una cena (sobre todo cuando hay que prepararla para una familia numerosa como la mía). Sí, sería mejor que hiciese yo el caldo o el gazpacho, pero si la necesidad aprieta, da cierta paz mental (y mucha energía) saber que se puede recurrir de vez en cuando a estas opciones listas para consumir.

## El dilema de las cenas

Esbozar ligeramente los menús de la semana —no hace falta que sean con primero, segundo y postre— y tener una batería de alimentos saludables que sirvan de base y se puedan combinar entre sí, más una minirreserva de procesados buenos como el gazpacho o el guacamole, parecen opciones bastante reales para comer de forma saludable. Y, sobre todo, para aligerar la carga mental por comer bien todo el rato.

Con esas bases de referencia a la hora de hacer la compra semanal, resolver el dilema de qué se cena puede ser mucho más liviano si se tienen en mente ciertas combinaciones infalibles con todos esos básicos que solemos tener en la nevera. En mi caso, por ejemplo, soy bastante fiel a la tortilla francesa con gazpacho, a unos huevos a la plancha con langostinos cocidos o berberechos, o a una tosta de guacamole y salmón. Son cenas confort que repito de forma cíclica y que alivian, en parte, la presión mental por comer sano y tener que pensar los ingredientes del plato para que cumplan con las reglas de oro de los nutricionistas (la última que he oído es la 40-30-30 o, lo que es lo mismo, introducir 40 por ciento de carbohidratos saludables como verduras y cereales integrales, 30 de proteínas y 30 de grasas saludables).

Hay otras tantas opciones para no tirar por el camino del medio y atajar con una cena rápida pero poco saludable. Lo importante, como siempre me dice mi querida Itziar Digón, es planificar, pero con cierta flexibilidad —ya se sabe, del control puede surgir el descontrol—, y tener una despensa de comida real pero ilusionante, que nos aporte emoción (y gusto al paladar, claro). Por eso a veces me pongo creativa y en lugar de tirar de esas combinaciones eficaces y rápidas, me preparo, por ejemplo, una pizza saludable haciendo una tortilla de dos huevos sobre una tortilla de trigo integral a la que añado tomate frito de buena calidad, aceite de oliva, tomates cherri y un poco de parmesano. Es otra manera de alegrarme la vista y el paladar sin perder demasiado tiempo en la cocina.

## No obsesionarse con el exceso de información

Aunque todas estas teorías son necesarias, la reflexión que hace Laura (mujer cansada como nosotras) sobre la exigencia actual por hacerlo todo bien es también muy necesaria. Y más para que lo que en principio era una buena idea (comer de forma saludable sin que ello suponga un gasto elevado de energía) no se convierta en una obsesión.

Es importante no caer en la trampa de querer hacerlo todo bien, y para eso es necesario establecer prioridades, bajar nuestras exigencias y tomar nuestras propias decisiones. «Serán las mejores, ya que no hay una forma correcta de hacer las cosas», me recuerda. Una recomendación que rememoraré en busca de paz mental cada vez que me empeñe en hacer esa cena megasaludable que he visto en TikTok pero que implica que tenga que darme demasiados paseos a supermercados orgánicos y herbolarios varios en busca de los ingredientes necesarios. Puede que teniendo en cuenta mi contexto (y mi poca falta de tiempo), sea más lógico y recomendable optar por una ensalada rica con ingredientes que pueda comprar al lado de casa.

Si bien es importante comer saludable, obsesionarse con toda la información que tenemos y la presión por hacerlo bien rompe la magia (y los beneficios) de un plato saludable. ¿De qué sirve comer cumpliendo las normas del plato Harvard, por ejemplo, si en el camino por cumplir la norma nos hemos estresado y obsesionado? «El autoconocimiento y la aceptación de nosotros mismos nos llevará a una mayor tolerancia de nuestros actos y bajará nuestras propias exigencias», concluye Laura. Amén.

# 11
## El peso de la maternidad perfecta

Hace unos días, una amiga —la mayor de tres hermanas— me compartió por Instagram un vídeo muy emotivo sobre una madre que reflexionaba con su hijo pequeño tras una discusión en la que ella había gritado. «Tú sabes que papá y mamá están intentando aprender muchas cosas nuevas que no sabemos. Cuando me frustro, grito porque de pequeña no me han enseñado a manejar la frustración. Me siento mal cuando te grito y te pido perdón», le decía antes de darle un abrazo con el que sellaba la paz y reconocía abiertamente que se había equivocado. «Me encanta, soy yo todo el rato con mis hijas, grito y pido perdón», le respondí a mi amiga tras ver el vídeo y sentir un poco de alivio mental por comprobar que no soy la única que pierde los nervios más veces de las políticamente correctas.

En Instagram y en la vida real es fácil ver recomendaciones idealistas sobre la educación y la crianza que, en ocasiones, ejercen una presión extra sobre las madres porque hablan de paradigmas difíciles de alcanzar. Tenemos mucha información y, aunque eso puede jugar a nuestro favor si la sabemos usar bien, puede añadir un poquito más de carga mental a nuestro día a día, más que nada por la frustración agotadora que ocasiona intentar cumplir con ciertas normas sociales.

## Ser madre agota

Pero lo que más me gustó de la anécdota anterior fue la reflexión que hizo mi amiga. Ella no tiene hijos, pero hemos tenido muchas conversaciones sobre la maternidad; ella, en el papel de hija que tiene algo más reciente su época adolescente y de juventud, y yo, en el de madre, casi siempre frustrada, porque en mi afán por hacerlo todo bien, termino gritando y saltándome a la torera todas esas normas para educar de forma consciente, a imagen y semejanza de cómo la convención social nos dice que se debería hacer. Y todo eso me hace entrar en un bucle de «quiero y no puedo». Sé que tengo que hacerlo mejor, ser comprensiva, intentar cambiar el «Haz esto porque lo digo yo» de toda la vida con el que nos hemos criado los mayores de cuarenta por un lenguaje positivo que haga al niño reflexionar sobre su comportamiento y no acatar nuestras órdenes sin más. Pero soy humana y por eso me reconfortó tanto la respuesta de mi amiga. «Creo que lo que nos había llegado como crianza respetuosa se ha convertido de alguna manera en una losa muy grande, en un listón, en otra fuente de presión. Pero creo que está muy bien transmitir esa crianza respetuosa imperfecta», me decía.

Su reflexión y el vídeo eran una especie de reducto de paz entre tantas recomendaciones irreales con las que me he topado desde que soy madre: no gritar para no dañar la autoestima de los niños; evitar dar órdenes porque el cerebro humano las rechaza fisiológicamente y es mejor plantear preguntas que les hagan partícipes —consigue preguntar y no dar una orden cuando tu hijo no se quiere vestir y tienes que salir de casa, ir al cole y llegar puntual a tu trabajo—; intentar la lactancia materna porque hay estudios que demuestran que los bebés amamantados al pecho de su madre son más inteligentes… Y, por supuesto (esto es solo un ejemplo), sin olvidar la presión añadida que supone dar a tus hijos yogures azucarados en una era en la que el azúcar es lo más parecido al demonio.

Al final, toda esa información que tenemos a nuestro alcance puede ser positiva y necesaria, pero también hacernos dudar o generar una presión añadida a ese deseo de ser madres más que perfectas que no gritan y no dan órdenes (ni azúcar) a sus hijos. Nosotras, las mujeres cansadas, queremos hacerlo todo demasiado bien. Y eso también agota. Puede que por eso mi hija pequeña me haya llegado a preguntar si me he cansado de ser madre. Ya le dije que de eso una no se cansa nunca, pero que no es fácil. Como decían @mujeresmadres en su cuenta de Instagram, «el drama de la maternidad moderna es trabajar como si no tuviéramos hijos. Criar como si no trabajásemos. Lucir como si no tuviéramos hijos ni trabajo». Cuánta razón en apenas dos frases.

## Una mezcla de información e intuición

Cuando hablo de todo esto con Rocío Escalante y le pregunto si la maternidad es hoy más complicada que antes, su respuesta refleja mi sensación constante. «Por supuesto, tenemos obligación de trabajar para soportar los gastos, pero a la vez queremos estar en casa. Pero te llegas a sentir mal porque nunca estás al cien por cien en ninguna de las dos facetas, y eso nos puede aumentar esa carga mental que tenemos las mujeres. Es cierto que tanta información puede resultarnos abrumadora, querer cumplir con lo establecido sumado a la presión que ya tenemos como madres, profesionales..., puede sobrepasarnos. Pero ahora tenemos la suerte de saber mucho más sobre los niños, que a mí personalmente me resulta de mucha ayuda», me responde describiendo la situación (al menos la mía) a la perfección.

Ella tiene claro en ese sentido que seguir todo al pie de la letra no es ni necesario ni beneficioso, y que a cada familia le funcionan ciertas cosas. Al final, cada niño es diferente y no siempre le convienen las recomendaciones supuestamente universales. Se trata más bien de seguir la intuición y el sentido común sin ponernos presiones por hacer lo que ahora (supuestamente) debe hacerse. Las que somos madres de varios hijos lo experimentamos cada día en nuestras propias carnes: la teoría que te funciona con uno puede que falle con otro (a mí me pasa cada día), y eso te confirma que no hay remedios universales ni fórmulas mágicas que ayuden a educar.

## La disciplina positiva

Aunque esta es la percepción personal que tenemos Rocío y yo de la maternidad en el siglo XXI, resulta muy enriquecedor abordar este tema con una psicóloga experta en disciplina positiva. Bibiana Infante es cofundadora de la Asociación Disciplina Positiva España y fundadora de Disciplina

Positiva Galicia. La conocí durante un taller de iniciación a esta metodología que impartió en el colegio de mis hijas y me hizo reflexionar mucho sobre la importancia de cambiar el lenguaje y ciertas actitudes que había normalizado durante la crianza. Y sobre las bondades de saber estar en ese punto medio en el que no eres madre (o padre) permisiva ni autoritaria, sino una persona que ayuda a que sus hijos tomen decisiones por sí mismos sin quitarles las piedras del camino y dárselo todo hecho. Pero también sin asumir la orden como único medio de crianza.

En ese taller, Bibiana puso un ejemplo muy claro para entender la esencia del método de la disciplina positiva. En lugar de decir «Deja de quejarte y lloriquear», podemos decir: «¿Cómo me puedes hablar para que te entienda bien?». Al final se trata no tanto de que el niño o la niña obedezcan, sino de que los ayudemos a reflexionar para que fomenten sus capacidades y habilidades positivas.

## Un gran error: la búsqueda de la perfección

No negaré que la teoría de la disciplina positiva me fascinó y quise llevarla a la práctica a rajatabla, pero como en todo, hay que ir poco a poco. Intentar aplicar todas las hipótesis desde el minuto uno no suele ser la mejor idea, sobre todo por la frustración que genera no conseguir resultados y la probabilidad (gigante) de querer abandonar a la primera de cambio.

Tal y como me recuerda Bibiana cuando le confieso mi intento fallido de darlo todo en mis inicios poniendo en práctica esta metodología, el error es buscar la perfección. Querer pasar de cero a cien, dejando a un lado las frases imperativas que solía utilizar con mis hijas al salir de casa, no es fácil. Cambiar el «Ponte el impermeable» por un «Está lloviendo, ¿qué necesitas para salir?» no es fácil de primeras. Sobre todo, porque las prisas, el estrés, el cansancio y el imaginario educativo que solemos tener nos llevan a tirar por la tangente y hacer uso de la frase rotunda, sin petición ni invitación a la reflexión.

Por eso es importante reproducir las palabras de Bibiana explicando en qué consiste la disciplina positiva. «Es una metodología que se basa en una serie de principios. Es una actitud, una mirada, una posición que tenemos hacia el otro acompañado de herramientas pedagógicas que nos ayudan a poner en marcha esos principios de vida. Puede resultar difícil de implementar si lo que se busca es la perfección. No se trata de que seamos padres o madres perfectos, sino de que sepamos reparar, porque nuestros hijos necesitan saber que se van a cometer errores. Hay que confiar en el proceso, los errores son oportunidad de aprendizaje. Es importante que vean que, aunque las personas que están a su cargo puedan equivocarse y no saber manejar alguna situación, siempre tendrán herramientas con las que van a reparar los errores porque se van a focalizar en soluciones. Se trata de aprender de lo ocurrido y fomentar el avance. Que vean la posibilidad de prosperar ante las dificultades, y no nos quedemos atascados pensando en culpables. Se trata de buscar soluciones y no culpables».

Al final, en un mundo plagado de recomendaciones para ser los padres perfectos que se espera ahora, reconforta pensar que educar de forma consciente significa adquirir la capacidad de buscar soluciones y de aprender de los errores. Y pedir perdón a nuestros hijos si es necesario. Todo esto hará que el proceso sea más fluido, que haya avances y que vean que somos humanos y no pasa nada por cometer errores.

## La virtud del punto medio

Creo que metodologías como esta —que no tienen por qué ser una hoja de ruta incuestionable, sino una especie de guía a tener en cuenta— buscan crear un clima de confianza y armonía. Como dice Bibiana, capacitan a los padres y madres con nuevas formas de entender a nuestros hijos e hijas, fomentando un clima más respetuoso, de forma amable y firme al mismo tiempo.

«La disciplina positiva no es ni punitiva ni permisiva», resume insistiendo en ese punto medio en el que, como casi todo en la vida, siempre suele estar la virtud. Y precisamente alcanzar ese punto es el verdadero reto, al menos para mí. Y lo digo en un momento de mi vida en el que educo a una adolescente que, con su baile hormonal, la tendencia al desafío propia de una edad en la que se tiene que cuestionar todo y el cansancio con el que convivo yo de forma permanente, pone a prueba cualquier teoría amable.

Bibiana vuelve a sacarme del atolladero mental en el que me meto yo misma al tener tanta información sobre cómo debería ser la educación ideal. Y me recuerda que todas esas exigencias como madres y mujeres nos tienen sobrepasadas y nos hacen entrar en un bucle eterno de sensaciones de frustración por no llegar nunca a esa perfección que nos exigimos. También hace referencia a la carga mental que nos viene de serie y a cómo nuestro empeño por cuidar sin delegar ni soltar nos pasa factura. El creer que solo estará bien si lo hacemos nosotras —un pensamiento muy nuestro, por otra parte— nos hace sentir que lo tenemos todo bajo control.

Una metodología como esta también puede ayudar a soltar lastre. «Se basa en el respeto mutuo, se respeta a los niños y su bienestar, y se les enseña a que ellos respeten las necesidades de los adultos, a ayudarlos a que entiendan nuestras necesidades como padres, que sepan que no son el centro del mundo y que se tienen que adaptar. Hay que prepararlos para la vida donde forman parte de una comunidad y que entiendan que tienen que cuidar el interés hacia ellos mismos, pero también el social».

Un recordatorio muy necesario, porque diría que hemos llegado a un punto en el que creemos que dándoles todo a nuestros hijos y sobreprotegiéndolos en exceso —el término «padres helicóptero» va un poco de eso— lo estamos haciendo bien. Muy bien. Mejor que nuestros padres, que, cuando llegábamos del colegio relatando alguna regañina de un profesor, daban por hecho que la culpa era nuestra (ahora suele suceder lo contrario).

Sin embargo, creo que sus tropecientos viajes de turno con el colegio o el equipo de fútbol, que les preparemos cumpleaños que parecen bodas, que intervengamos en todos y cada uno de sus conflictos diarios con amigos y que solucionemos su falta de atención en clase pidiendo por sistema los deberes en el grupo de WhatsApp de padres los coloca justo en ese centro del mundo del que no tienen por qué ser los protagonistas.

Y una reflexión más mía a colación de todo lo anterior: la próxima vez que necesite sentarme a leer un libro o descansar, pensaré que no tengo por qué sentirme mal. Será otra manera de enseñarles a mis hijas que las madres no somos superheroínas y que también necesitamos priorizar nuestras necesidades, valga la redundancia. Porque las madres hiperperfectas (en la vida real) no existen. Pero las humanas (cansadas) que intentan hacerlo mejor cada día, sí.

# 12

## Aprender a desconectar

Una mañana, a las 7.30, de camino al trabajo, vi a una chica en el metro (que no tendría más de dieciséis años) haciendo ganchillo con una habilidad digna de cualquier costurera. Iba de pie, soportando los vaivenes de los vagones de la línea 5 y sin inmutarse ante la presencia de la multitud que frecuentamos el metro de Madrid a estas horas de la mañana. La verdad es que me dio cierta envidia. Y no lo digo por su habilidad lana y aguja en mano, sino por tener la capacidad de aprovechar ese rato para hacer una actividad manual y no como el resto de los mortales, que miramos el móvil, a veces de forma errática y otras con un depurado patrón de movimientos que suele oscilar entre consultar el correo, WhatsApp, Instagram y TikTok (el orden de los factores no altera el producto).

No compartí sensaciones con ella. Le hubiera resultado raro que una desconocida le preguntara por su afición y por cómo le despejaba la mente. Pero estoy segura de que su cerebro focalizado en cómo tejer su ovillo de lana morada estaba mucho más calmado y relajado que el mío, que a las 7.34 de la mañana de un miércoles cualquiera ya había contestado a una duda sobre deberes en el wasap de padres y madres, había mandado un email para gestionar el viaje de fin de curso de otra de mis hijas y me había llevado algún que otro sobresalto al chequear el correo del trabajo antes de llegar a la oficina. Efectivamente, suelo ser víctima consciente y premeditada de la típica ansiedad que ocasiona saber todo lo que tienes que hacer, pero sin posibilidad de hacerlo porque en ese vagón no tienes precisamente los medios. Ansiedad, por cierto, evitable, porque podría ahorrármela si aprovechara el trayecto para hacer ganchillo como esa chica y revisar el email en mi puesto de trabajo, cuando ya tengo todo a mi alcance para apagar fuegos o lo que surja.

## Un cerebro hiperestimulado

Desconectar me cuesta cada vez más. Y no hablo solo del trabajo, sino de las tareas invisibles, los «Tengo que», las redes sociales y demás cargas y estímulos que claramente juegan en contra de la ansiada paz mental. En mi móvil se mezclan demasiadas cosas de mi vida personal y profesional que me impiden centrar mi mente en algo que me produzca cierta calma y placer mental. Soy incapaz de focalizar. He llegado a tener abiertas cuatrocientas pestañas en el navegador de mi móvil con URL *random* (no exagero) y mi mente brinca constantemente de un lado a otro desde que me levanto hasta que me acuesto. De hecho, la ducha es uno de esos momentos en los que en tan solo cuatro minutos (seis o siete si toca mascarilla o exfoliante corporal) puedo repasar mentalmente la agenda del día, acordarme de conversaciones, también aleatorias, y saturar mi mente de todas las cosas pendientes que procrastino a diario.

Creo que el único sitio en el que consigo parar mi hiperestimulado cerebro es en el avión. La obligada desconexión digital (de momento me niego a pagar por tener wifi en los aires) me produce una especie de sedación muy necesaria que me permite echar una cabezadita, leerme ese libro que me gusta pero que siempre acabo poniendo en segundo plano si tengo el móvil a mano o ver alguna película si la duración del vuelo lo permite. De hecho, si antes me ocasionaba cierto estrés un vuelo largo, ahora lo concibo como mi particular momento de paz, en el que mi cerebro se para y simplemente disfruta de otros estímulos hedónicos que no tengan nada que ver con lo digital, como el placer, tan necesario, de no hacer absolutamente nada.

Es cierto que aún no he llegado a practicar el *raw-dogging*, una tendencia que consiste en no hacer nada durante los trayectos largos en coche, avión o tren (pero nada de nada, ni lecturas ni música tampoco). Pero he encontrado en los vuelos mi particular reducto de paz. Porque si los estudios sugieren que tenemos una media de seis mil pensamientos al día (lo confirmó el experto en neurociencia Jordan Poppenk) y la mayoría de ellos son repetitivos, en mi caso me atrevería a decir que son más y muchos de ellos en clave negativa (soy de las que suele preocuparse en exceso y ponerse en lo peor, así que mi cerebro está más cansado y descentrado que el de la media).

## Las nuevas tecnologías no lo ponen fácil

Todo este relato personal es para compartir lo difícil que resulta desconectar en la era de las distracciones digitales y la hiperconectividad. Y de lo mucho que cansa esa conexión constante. De hecho, cuando consigo ver una película sin mirar el móvil ni una vez o hacer una sobremesa con amigas en la que solo valen las confesiones y las risas (sin teléfonos en la mesa), mi sensación de descanso es mucho mayor y más placentera. Lo es más que una noche entera de esas en las que duermes a trompicones y cuando te desvelas cometes el error de bulto de mirar el móvil en mitad de esa vigilia, lo que lleva a un estado de excitación poco compatible con el sueño que necesita tu cuerpo a esas horas.

Dado que no soy un ejemplo de desconexión en mis ratos libres, he pedido consejo a Leïla Salamat - de Blignières. Ella es cofundadora de Ellas Coach, una empresa de coaching y asesoría que, como dice en su carta de presentación, «ayuda a salir de la zona de confort para así conseguir objetivos, personales o profesionales». Leïla siempre me ha ayudado mucho cuando he tenido que escribir sobre bienestar profesional, productividad y técnicas de organización. En esta ocasión el objetivo de nuestra conversación no es tanto compartir *tips* para ser más productiva, sino para conseguir desconectar el piloto automático en el que vivo (vivimos) y aprender a parar de verdad. Es otra manera de descansar cuerpo y mente. Y más teniendo en cuenta que ella conoce bien esa sensación de cabalgar entre varias facetas de la vida y la dificultad que entraña desconectar de verdad.

Me confirma (lo experimenta en su propia piel y lo ve cada día en su trabajo) que aprender a desconectar digitalmente y volver a conectar con nosotros mismos y con nuestro entorno es uno de los grandes retos de nuestra sociedad. Uno de los grandes causantes es ese fenómeno llamado FOMO (*fear of missing out*) que nos empuja a seguir conectados incluso en momentos de descanso.

«Mantener la conexión en todo momento nos permite de alguna manera aliviar ese miedo a perdernos alguna información relevante. Sin embargo, hay muchos estudios que demuestran que la hiperconexión afecta a nuestra salud mental causando estrés, ansiedad, *burnout* y depresión. Afecta físicamente: por eso sufrimos el denominado *text neck*, una tendinitis de la muñeca… E impacta negativamente a la vista y la calidad de nuestro sueño. Y también emocionalmente, ya que nada remplaza la conexión humana», asegura Leïla.

Sin duda, sus palabras describen a la perfección esa tendencia de mirar el móvil como si no hubiera mañana (es lo que hago impulsivamente al levantarme cada mañana, por mucho que sea consciente de que te pone el cortisol por las nubes antes de sacar un pie fuera de la cama). Y el hecho de haber normalizado la necesidad de tener ese aparato a mi lado para todo, hasta el punto de pararme en un semáforo a mirarlo porque soy incapaz de quedarme contemplando el infinito o a las personas de la acera de enfrente mientras se pone en verde (ese es mi nivel de dependencia digital).

De hecho, Leïla está comprobando que la mayoría de sus clientes son empresas que le piden charlas y programas de acompañamiento sobre la desconexión digital, sobre todo cuando se acercan las vacaciones de verano y de Navidad. Las cifras *in crescendo* de bajas médicas por depresión y el aumento de su duración, el cada vez más habitual *burnout* y la ansiedad generalizada están haciendo que las compañías se preocupen seriamente por el bienestar de sus empleados.

## Desconectar al final de la jornada laboral

Es cierto que los ordenadores portátiles y los teléfonos de última generación nos han puesto fácil estar conectados a nuestro ámbito profesional desde cualquier parte del mundo (o de casa). Y al mismo tiempo, muy difícil desconectarnos al terminar la jornada laboral. Es muy fácil comprobar vía email si se ha solucionado esa duda que tenías o dar respuesta con un simple wasap (o mensaje de voz), pero también muy poco saludable para el cerebro, que acaba viviendo constantemente en alerta.

No significa esto que cortemos por lo sano y saquemos del cajón los Nokia o cualquier teléfono antiguo que solo permita llamadas —la vuelta a los «teléfonos tontos» es una tendencia con nombre propio que empieza a calar, siempre bajo el eslogan de «Antes la vida funcionaba sin smartphones»—. Es una opción muy respetable, pero quizá lo más lógico sería aprender a convivir con las tecnologías y usarlas a nuestro favor.

Lo que Leïla llama «hacer un uso moderado y responsable, dibujar esa línea entre las ventanas que ofrece y los males que está causando a la salud», para no terminar arguyendo que no pasa nada por empezar a mirar la bandeja de entrada un momento y acabar poniéndola al día después de una hora con el móvil. O por leer una noticia en Instagram y terminar en un bucle de peligroso *scroll* infinito. Decimos que no pasa nada porque lo hacemos desde el sofá o la cama, creyendo que el espacio físico, si es cómodo, no va a poner a nuestro cerebro en alerta. Pero nos equivocamos (y mucho).

¿Y cómo llegar a ese punto medio en el que está la virtud? La experta de Ellas Coach me da unas cuantas recomendaciones que me parecen bastante asumibles dentro de mi caos mágico de conexión infinita en un móvil con una media de treinta ventanas abiertas, aplicaciones para todo y el correo del trabajo siempre a mano. Por ejemplo, fijarse horarios y apagar las notificaciones fuera de ellos. Si lo pensamos bien (parafraseo a la experta), son muy pocos los trabajos en los que leer un email en el instante tenga un impacto de vida o muerte. Así que se trata de relativizar, relajarse y fluir. Eso no quita para que haya ciertos momentos del año en los que haya una mayor carga de trabajo por la estacionalidad del sector o por un proyecto importante y sea necesario ser flexible y estar más pendiente del teléfono. La excepción no debería ser la regla, pero el problema es que hemos normalizado ese pico constante de trabajo en el que nos hemos instalado una inmensa mayoría.

Sin embargo, como todo en la vida, podemos comprar el discurso de que necesitamos estar conectados y tener el móvil disponible 24/7, o podemos reflexionar sobre si es tan tan necesario e intentar poner límites. Leïla, que codirige su propia empresa (lo que podría dificultar aún más ese nivel de desconexión), tiene una depurada técnica al respecto que quiero copiar para dejar de mirar compulsivamente el correo del trabajo.

## Gestionar el email sin cansarse

«Mirar el correo en sí no es malo», me anticipa la experta. El problema, claro, es hacerlo de forma constante, también fuera del horario laboral, con lecturas en diagonal que no suelen ayudar a resolver las tareas que podrían implicar los emails de turno, pero que sí causan mucho estrés porque anticipan lo que tendremos que hacer al día siguiente.

Por eso me gusta la técnica de Leïla, que mira el correo tres veces al día y una de ellas, por trabajar con otras zonas horarias diferentes, es por la tarde. Le dedica cinco o diez minutos si no hay nada urgente y vuelve a aparcar el móvil. El resto del día consigue no estar pendiente del email y tiene las notificaciones apagadas siempre que está reunida o en sesión. Cuando se practica esta gestión del email, puede que cueste más que nos localicen, pero lo más probable es que no pase nada si la respuesta no es tan inmediata. Aunque creamos que todo es urgente «y para ayer», la realidad es que casi nunca suele serlo. No obstante, Leïla insiste en la necesidad de autoconocerse, evaluar la situación y tomar unas medidas u otras.

Por eso propone dar un primer paso para darnos cuenta del uso que hacemos del móvil y consultar las estadísticas disponibles en cuanto al tiempo de uso y de las aplicaciones que usamos. La verdad, creo que no necesito consultar ese tiempo para confirmar que tengo una gran dependencia que me cansa mental y físicamente, y que además me hace perder mucho tiempo. Si en lugar de ojear el correo de forma constante —la mayoría de las veces en momentos en los que no tengo ni el tiempo ni la capacidad de responder, pero sí de leer por encima y agobiarme—, me pusiera esos tramos horarios de consulta, sería más productiva y estaría más descansada. Y minimizaría el estrés y estado de alerta que suele ocasionar mirar el correo todo el rato.

«Otro punto importante antes de tomar medidas es observar nuestro uso: cuando escucho un pitido del móvil, ¿me levanto corriendo para ver lo que está pasando? Si estoy con amigos en una cena, ¿me cuesta no mirar el móvil? Cada noche delante de la televisión en mi momento de relax, ¿estoy con dos pantallas a la vez? ¿Mirar el email del trabajo después de la cena se ha convertido en un hábito que no puedo evitar? Cuando planeo unas vacaciones, ¿si no hay wifi, no voy?», relata Leïla. Y mi respuesta a todas esas preguntas, salvo la última (porque no me importa tirar de 4G), es un sí rotundo.

## 4 estrategias realistas

Comprobado mi nivel de conexión máxima y confirmado que puede ser uno de los agravantes de mi estado de cansancio, mi siguiente pregunta a Leïla tenía que versar sobre las estrategias realmente efectivas que pueden ayudar a esa desconexión.

He aquí algunas fáciles de aplicar. Palabra de periodista escéptica que solo se hace eco de recomendaciones fáciles que ella misma podría llevar a la práctica antes de darlas a conocer.

### 1. Crear zonas libres de tecnología
Tanto en casa como en el trabajo. Por ejemplo, podemos decidir que después de la cena todos estamos sin pantallas (o con la misma pantalla compartiendo una serie o una película). Incluso crear una zona libre de conexión poniendo una cesta en la entrada de casa donde depositemos los teléfonos nada más llegar. En el trabajo podemos fomentar las reuniones presenciales para conectar entre compañeros en lugar de esos *zooms* eternos en los que (lo confieso) muchas veces acabas respondiendo emails mientras otros hablan porque la pantalla, entre otras cosas, dificulta un poco más concentrarse y prestar atención.

## 2. Lograr momentos de *flow*

Tanto a nivel personal como profesional. Y aunque el nombre pueda sonar bastante místico, tiene una explicación psicológica muy interesante. «El estado de *flow* son aquellos momentos de ultraconcentración sobre un tema que nos reta lo suficiente para motivarnos. Es decir, un tema que no sea demasiado fácil para no entrar en el aburrimiento, ni demasiado difícil para no desmotivarnos, y con el que parece que el tiempo se para. Es una sensación muy agradable llena de creatividad y de eficiencia», explica Leïla.

La lista de opciones para conseguirlo es infinita y las actividades perfectas para alcanzarlo variarán en función de gustos, pero pueden ser diversas manualidades, un puzle, cocinar, tejer… Y en el trabajo, gestiones que nos saquen de nuestra zona de confort y sean menos habituales en nuestra rutina, que nos requieran mayor concentración: por ejemplo, preparar el guion de una presentación o crear una estrategia.

Sin duda, todo esto me recuerda que debería hacer más pulseras con mis hijas, apuntarme a un curso de decoración de cerámica o buscar nuevas actividades en el trabajo que me lleven a ese (bendito) estado de *flow*.

## 3. Cuidar los descansos para comer

Para hacerlo de manera consciente y desconectada digitalmente. Puede ser practicando el *mindful-eating*. «En casa jugamos a esto con frecuencia. Por ejemplo, adivinando todos los ingredientes de un plato. O cerrando los ojos y permitiendo que intervengan todos los otros sentidos: el olor, el tacto, el sabor…», cuenta Leïla.

La verdad es que este punto, en casa (no en el trabajo, cuando como frente al ordenador), lo tengo casi hecho. No tanto porque nos pongamos en clave *mindful-eating*, sino porque las cenas son uno de los mejores momentos del día para ponernos al día, sin móviles de por medio.

**4. Preparar eficientemente el «pre» y «pos» vacaciones**
Para disfrutar plena y tranquilamente de ellas. Como bien sabe Leïla por su experiencia y por su trabajo asesorando a empresas y trabajadores, muchas veces la incapacidad de desconectar del todo durante las vacaciones se debe a que no hemos cerrado todos los asuntos que queríamos o a que nos preocupamos por lo que nos espera a la vuelta.

Por tanto, para poder dejar de lado el estrés y la ansiedad que pueden provocar estos momentos antes de irnos de vacaciones o a la vuelta, es fundamental planificar y organizar todo con antelación y «poner el "Fuera de la oficina" con una sonrisa», como dice ella.

Y sí, aquí tengo una asignatura pendiente —no he conseguido pasar unas vacaciones enteras sin mirar el correo alguna vez—, pero al menos en las últimas he ocultado la cuenta de correo del trabajo. Y para revisarla he tenido que hacer el esfuerzo de ponerla visible en ajustes, lo que de alguna manera evitaba que la mirara de forma compulsiva como si en ello me fuera la vida (cuando no me va, ni la mía ni la de los demás).

# 13

# La mentira de la multitarea

«La vida de la mujer es un puzle que nunca se acaba de resolver», decía la francesa Garance Doré, escritora, fotógrafa, ilustradora y creadora de una marca de cosmética (el claro ejemplo de la multitarea, por otra parte). Garance lo hacía vía Instagram —por donde se hace y dice casi todo hoy en día—. Y yo compartía en stories su frase porque me sentía plenamente identificada. Me pareció la forma más inspiradora de definir el estado de mi cerebro, siempre en plena combustión y con todo a medias. Y creo que es el estado de la mayoría de mis amigas y conocidas que, como era de esperar, comentaron la frase con emoticonos varios (risas y lágrimas a partes iguales) y cierta resignación.

## ¿Cómo nos deshacemos ahora de la multitarea?

Durante mucho tiempo, las mujeres nos hemos vanagloriado de poder hacer muchas cosas a la vez. «Ellos no son capaces», hemos dicho con cierta ironía en tantas ocasiones. Y ahora, agotadas y exhaustas, nos resignamos de alguna manera por haber adquirido ese papel de gestión múltiple del que tanto cuesta deshacerse a estas alturas.

Quizá esté generalizando, pero en mi caso ese ha sido el proceso: he pasado de creerme Superwoman por poder sostener el teléfono con el hombro mientras gestiono una incidencia con el seguro de casa y escribo un email de trabajo. O por vivir mañanas en las que soy capaz de comerme la tostada, preparar la mochila de mis hijas, hacer las camas, volver a chequear el correo del trabajo y terminar de prepararme el túper (todo a la vez). O por tener tropecientas ventanas abiertas en mi ordenador para hacer (otra vez a la vez) la compra de la semana en Mercadona, responder a la profesora de una de mis hijas para cerrar la cita de una tutoría y terminar el artículo en el que estaba trabajando.

He pasado de eso a sentir que la multitarea es otro engaño que me he creído. Y a desear con todas mis fuerzas ser capaz de hacer las tareas de una en una y sin estar pensando mientras estoy terminando una en qué voy a hacer al minuto siguiente. Por no perder ni un segundo, ya se sabe: el tiempo es oro.

Pero cuando entras en la rueda de la hiperproductividad, de la inercia de hacer más y más, y de no asumir que no se puede llegar a todo (y que no pasa nada), cambiar ese «momento Nacho Cano» es difícil. Muy difícil. Por cierto, para entender esta última ironía que suelo comentar con mis amigas en *petit comité,* es necesario pensar en el cantante y en cómo apilaba varios teclados en el escenario y los tocaba a la vez. ¿No es lo más parecido a un día cualquiera en la vida de una mujer?

## Las microparadas de dos minutos

Hace tiempo la experta en nutrición y bienestar Cristina Barrous me proponía algo tan sencillo —aunque a veces tan complicado cuando se vive en piloto automático— como hacer diez microparadas durante el día de dos minutos cada una, siendo consciente de a qué las dedicaba y no llevando a cabo dos cosas a la vez.

«Puede ser, por ejemplo, aplicarse la crema y solo aplicarse la crema (sin escuchar un pódcast mientras, por ejemplo). O preparar la cena sin mirar el email», me decía Cristina. Y aunque en ese momento me pareció un plan perfecto y uno de esos propósitos realistas que tenía que intentar cumplir, aquí estoy escribiendo estas líneas y pensando al mismo tiempo en cómo nos vamos a organizar con el horario y la logística de los tres partidos de fútbol que tienen mis hijas el sábado por la mañana.

Cuando te acostumbras a la multitarea —si lo piensas, el prefijo *multi* está por demasiadas partes en nuestra vida—, te metes en un círculo bastante vicioso del que es difícil salir. Y pensar en hacer tus tareas de una en una, sin más pensamientos que los que te requiere la concentración de esa acción, suena a quimera. A utopía. Parece que si no estás haciendo una cosa pensando al menos en lo que vas a hacer después —el «momento Nacho Cano» también puede darse a nivel mental, apilando los «Tengo que» locamente—, no estás haciendo lo suficiente. Y si a ese afán de producir y producir, de vivir varias vidas en una, de hacer todo lo posible en menos tiempo (como si llegar a la cama tras un día entero en modo *multitask* fuera a tener premio), le sumamos lo difícil que es concentrarse, desafiar a la multitarea no parece tan fácil.

## Hacer varias cosas a la vez no es eficiente (ni sano)

Está claro que con este modo multiacción me equivoco. Y me atrevería a decir que nos equivocamos la inmensa mayoría de las mujeres (y también muchos hombres), porque seguimos abducidas por el mito de la hiperproductividad creyendo que haciendo varias cosas a la vez ahorraremos tiempo. Aunque eso tenga un coste para nuestro estado emocional grande y para nuestro bienestar físico. Y aunque no sea del todo efectivo. Como dicen los psicólogos y neurólogos, nuestro cerebro está diseñado para hacer tareas de una en una (aunque nos hemos empeñado en que no sea así).

Por eso admiro profundamente a las personas que sí son capaces de ir paso por paso. Que pueden leer una *newsletter* tomándose un café (y sin ninguna otra pestaña abierta en su ordenador); que pueden cocinar y disfrutan de los tiempos muertos (o de espera) observando el chupchup que hace la salsa de tomate mientras se cocina. A las que pueden estar en una sala de espera cualquiera sin el afán de aprovechar esos minutos para hacer algo productivo, sino simplemente entienden ese rato como un minuto de pausa para su cerebro. Y a las que resuelven las cuestiones de una en una, porque efectivamente intentar solucionar varias a la vez suele ser un fracaso anunciado.

Admiro y envidio también a las personas que saben disfrutar de un día de sofá y manta y nada más, sin remordimientos, y sabiendo que en el fondo ese día de pausa está siendo mucho más productivo que pasar un domingo adelantando tareas de la semana y ordenando. En Dinamarca, por ejemplo, donde tienen una cultura de ocio muy vinculada a la vida y al bienestar en casa, hay una palabra para definir esos domingos en los que te entregas al placer de ver series, tumbarte en el sofá y tomar cosas ricas: el *søndagshygge* o, lo que es lo mismo, el disfrute del domingo.

Me encanta la idea, pero desde hace tiempo estoy tan metida en la rueda de la hiperactividad mental (cual hámster corre que te corre en círculo en su jaula) que cada vez me cuesta más disfrutar de esos momentos y entender que hacer varias cosas a la vez ni es productivo ni es sano.

## No hay supermujeres, sino mujeres estresadas

Por si se me pasaba por la cabeza que convertir mi vida en una carrera de fondo, con muchos obstáculos en el camino que consigo solucionar a golpe de *multitasking*, me hacía más fuerte, la psicóloga Marta Calderero, otra experta maravillosa a la que acudo siempre en busca de respuestas cuando escribo de salud mental, me saca de dudas:

«¿No sientes como si estuvieras a contrarreloj intentando hacer mil cosas a la vez? A la mayoría de nosotras nos pasa, y así lo muestran los estudios psicológicos. Las mujeres asumimos una mayor carga de tareas domésticas y laborales, y esto nos lleva a realizar múltiples actividades de manera simultánea. Muchos lo califican como un superpoder femenino, pero la bibliografía científica muestra que la multitarea, más que convertirnos en supermujeres, nos hace sentir "multiestrés"».

Ella es doctora en Psicología de la Salud, directora del centro psicológico virtual Personalife.style y conocedora (a veces en primera persona) de los inconvenientes de esa multitarea que hemos asumido como parte de nuestra esencia femenina. Y ojo, no digo que los hombres no la practiquen (que también), pero creo que es algo bastante más generalizado entre las mujeres, en parte por esa mochila de cargas impuestas y autoimpuestas que no termina nunca de vaciarse, sino al contrario. Y lo peor de todo es habernos vanagloriado durante tiempo de poder vivir días de 48 horas solo en 24 porque amortizamos hasta el último nanosegundo. Hemos creído que todo esto era un superpoder. Pero es el momento de abandonarlo.

## Estar ocupadas no debería ser tan gratificante

Es cierto que dejar de hacer todo a la vez no es misión sencilla. Como me explica Marta, aunque los rasgos de personalidad pueden influir, las principales causas de la multitarea son culturales. Una vez más, salta a la palestra como origen de muchos de nuestros males la presión social, la búsqueda de la productividad a toda costa y la necesidad de estar siempre conectadas. Todo ello nos empuja a creer que hacer varias tareas simultáneamente es signo de eficiencia.

Sin embargo, aunque la sensación de estar ocupadas puede ser gratificante, «la multitarea crónica tiene consecuencias negativas en el bienestar psicológico y acelera el proceso de envejecimiento cognitivo», me recuerda Marta.

Por tanto, si bien es maravilloso que intente ser disciplinada y vaya con regularidad a yoga o pilates, hacer el guerrero 1 pensando en qué me voy a poner al día siguiente o qué voy a comprar en el supermercado al salir del gimnasio no es un buen escenario. Y parece que cada vez que lo hago sumo días a la edad biológica de mi cerebro. Por mucho que mi DNI diga que tengo cuarenta y tres, si sigo normalizando este hábito, mi cerebro envejecerá más rápido de lo que le toca.

Otro gran inconveniente es haber dado por bueno que estar ocupadas puede ser gratificante. Yo, al menos, después de un día intenso, apagando fuegos y casi sin tiempo para comer, tengo cierto sentido de recompensa mental. Me voy a la cama con la (errónea) sensación de que el sobreesfuerzo ha valido la pena y que en algún momento tendré mi recompensa en la vida. Como si hacer mucho tuviera algún tipo de premio a la hora de cobrar la pensión de jubilación. Pero claramente es un error, porque el día que me esfuerzo y las cosas no salen, o simplemente los días que no tengo ganas de esforzarme, la frustración es mayor. Y poco a poco estoy castigando a mi cerebro y a mi salud mental.

Si pensábamos que las mujeres teníamos una habilidad, casi un don, en este sentido, nos equivocábamos. Aunque nosotras tendemos a realizar multitarea con mayor frecuencia, la ciencia desmonta la creencia generalizada de que las mujeres sabemos hacer dos cosas a la vez y los hombres no. Aunque esta creencia ha permeado en nuestra cultura, las investigaciones psicológicas muestran claramente que es un mito porque el cerebro humano no está diseñado para realizar múltiples tareas complejas al mismo tiempo.

«Si hacemos varias cosas a la vez, lo saturamos y su eficiencia baja a mínimos», resume la experta intentando sacarme de esa trampa del *multitasking* en la que yo misma me he metido. No, nosotras tampoco estamos preparadas para hacer dos cosas a la vez por mucho que nos lo hayamos creído. O nos lo hayan hecho creer así.

## Las consecuencias de la multitarea

Precisamente porque quiero salir —hacer varias cosas a la vez también engancha— repaso con la psicóloga las consecuencias que tiene ese *multitasking* para el que la especie humana no está diseñada pero que, por desgracia, nos hemos empeñado en abrazar. Y son unas cuantas: principalmente, la sensación de estar constantemente sobrecargadas, tanto cognitiva como emocionalmente, genera altos niveles de estrés y ansiedad.

«Además, fragmenta nuestra atención y dificulta la concentración. Algo similar ocurre con nuestra memoria: al intentar recordar detalles de diferentes tareas, esta puede fallar, y es muy frecuente experimentar bloqueos creativos. El cerebro, al estar tan sobrecargado, ve reducida su capacidad para encontrar soluciones innovadoras», explica Marta.

Esto me recuerda que esa hipersusceptibilidad que experimento casi a diario —irritación emocional que se incrementa en las últimas horas del día cuando llego con los niveles justos de energía para ponerme el pijama, abrir la cama y apagar la luz de la mesilla— parte también de ese afán que tengo por aprovechar hasta el último segundo del día (y mejor si es haciendo varias cosas a la vez).

Otro síntoma común son los problemas de sueño: la preocupación por las tareas pendientes puede dificultar el conciliar el sueño y alterar nuestros patrones de descanso. Que me lo digan a mí, que ya no recuerdo dormir una noche del tirón como dormía antes (cuando tenía veinte y no ponía el mismo empeño que pongo ahora por «llegar a todo») si no hay un poco de melatonina o Diazepam de por medio. Ahora me voy a la cama pensando en lo que haré al día siguiente y lamentándome de lo que no he podido hacer ese día. Y claro, intentar dormirse con esas ideas en la cabeza es francamente difícil y, además, hace que si me despierto en mitad de la noche sea para repasar, una vez más, esa lista de tareas que nunca deja de crecer.

## Dejar de lado el *multitasking*

Como mi objetivo de vida en este momento es estar menos cansada —tengo otros, pero el título del libro que tienes en tus manos requiere la hipérbole—, le pregunto a Marta por herramientas para cambiar el chip. Y la buena noticia es que, aunque me creía entregada a la multitarea de por vida, hay ciertos hábitos que pueden ayudar a lograr la satisfacción vital de otras maneras:

- **Organizar el tiempo y crear rutinas únicas y personalizadas.** Es útil llevar agendas para planificar las actividades e incluir tanto las obligaciones como las actividades que nos hacen sentir bien. Todo se apunta: el deber y el placer. Esa es la teoría, porque yo hace tiempo que no uso agenda en papel y he olvidado lo reconfortante y útil que es apuntar la lista de tareas del día e ir tachando a medida que se completan. Pero está claro que plasmar en un papel todas esas cosas por hacer (que muchas veces en la mente se acumulan y causan más estrés del que deberían) es un ejercicio que ayuda a poner todo en perspectiva, a comprobar que lo que estaba atormentándote en tu cabeza no era para tanto y a hacer las tareas pendientes de una en una. La autora y comentarista especializada en temas de bienestar Mel Robbins lo llama *vómito* *mental*, porque de alguna manera se trata de dejar salir todo lo que te ronda por la cabeza reflejándolo en un papel.

- **Aprender a decir no y priorizar tareas.** Es importante establecer límites y no sobrecargar la agenda. Por eso es tan necesario identificar cuáles son las actividades más importantes y urgentes y concentrarse en ellas. Otra cosa que suelo hacer mal, tanto en el trabajo como en la vida personal. En mi afán por llegar a todo (y en el de quedar bien con todo el mundo, mala combinación), agendo planes y citas por encima de mis posibilidades. Y solo cuando llega el momento de atenderlas soy consciente de que haber dicho no hubiese sido justo y necesario.

- **Practicar la atención plena y eliminar distracciones.** Crear un entorno libre de interrupciones para mejorar la concentración y reducir el estrés. Ponérselo fácil al cerebro nos hará entrar en ese estado de *flow* del que hablan los expertos. Sucede cuando consigues concentrarte en una tarea y el tiempo vuela porque te motiva y hace que te concentres para que todo fluya, pero sin presiones ni frustraciones. Y cuando te centras solo en lo que estás haciendo, y no en lo que viene después. Bendito estado de *flow*.

- **Descansar para que el cerebro se recupere y se recargue de energía.** Y para que nosotras tengamos claro el propósito y el ambiente idóneo para entrenarnos a hacer las cosas de una en una.

- **Cuidar de una misma, dando prioridad a ese autocuidado sea del tipo que sea.** Con actividades que nos gusten y nos relajen, con momentos especiales en compañía de las personas que queremos, aprendiendo alguna afición nueva para de alguna manera retar al cerebro, que tendrá que concentrarse en el aprendizaje de esa nueva actividad y mientras tanto nos veremos obligadas a abandonar el *multitasking*.

En definitiva, se trata de liberarnos de ese falso superpoder, porque, como dice Marta, «la verdadera fuerza reside en hacer una única cosa, poniéndole alma y corazón». Nada más que añadir.

# 14

# La influencia de las hormonas

Cuando tenía catorce años y no repetía tanto como hoy que estaba cansada —a esa edad nunca lo sueles estar—, ya lidiaba con los bailes hormonales que condicionan la etapa fértil de la mujer (y que tienen su momento de gloria en la menopausia). La recuerdo como una etapa especialmente difícil a nivel emocional. No solo porque hubiera días que no aguantaba a nadie (ni a mí misma) y contestara mal a mi madre (ya se sabe, la confianza). También me levantaba de mal humor encadenando portazos varios a lo largo del día porque todo me molestaba. Y sobre todo porque vivía el síndrome premenstrual de una manera muy acusada, que hacía que los días antes de tener la regla llorara por casi todo. Sin motivo aparente. Siempre he sido bastante llorona y sensible, pero a esa edad y en los días previos vivía una especie de duelo interno que no acababa de entender. Hasta que una encantadora doctora de cabecera me explicó que esa irritabilidad y tristeza que me hacían llorar por todo eran mis hormonas y un síndrome premenstrual acusado, que era una especie de minidepresión mensual pasajera.

Efectivamente, luego todo pasaba, y lo que se me hacía un mundo un día antes de que me tuviera que bajar la regla era perfectamente asumible desde el punto de vista emocional cinco días más tarde. Poco a poco se fue regulando (los métodos anticonceptivos orales rebajaron los síntomas). Más tarde llegaron los embarazos y sus consiguientes cambios a nivel hormonal, y ahora empiezo a acercarme a la perimenopausia, con la irritabilidad (a veces tengo ganas de gritar) y el cansancio que conlleva.

Al margen de mi contexto personal, con mi montaña rusa de hormonas y emociones varias, creo que a la hora de hablar del cansancio femenino es importante abordar el tema hormonal y cómo nos impacta de lleno, no solo a nivel físico, sino también anímico. Y también sus consecuencias en nuestros escasos niveles de energía. Para ello he podido contar con una de las mejores divulgadoras que existen en este campo —es probable que la sigas en Instagram—. Isabel Viña es médico experta en hormonas y directora médica de IVB Wellness Lab. Tiene el maravilloso don de hacer fácil lo difícil y de explicar de una manera sencilla qué es lo que ocurre en nuestro cuerpo cuando las hormonas se empeñan en hacer de las suyas y los condicionantes externos tampoco nos lo ponen fácil.

## Más cansadas que nuestras madres y abuelas

Tengo la sensación de que actualmente las mujeres estamos más cansadas de lo que lo estaban nuestras madres y abuelas. Y eso que ellas ya hacían mucho (incluso con menos medios). A menudo constato que la respuesta de la mayoría de las mujeres al saludo «¿Qué tal estás?» suela ser casi siempre la misma: «Cansada». Y esto me hace pensar que hay varias cosas que están mal, que no es solo porque nosotras nos tomamos la vida de otra manera (mucho más intensa) que los hombres. «Quizá en las mujeres este cansancio es más marcado por una combinación de diversos factores», avanza Isabel.

La ciencia confirma algo que ya sospechábamos: el mundo en el que vivimos nos mantiene en un estado de estrés continuo y las consecuencias son palpables (y a veces fatídicas). Pero si queremos decirlo de forma resumida, lo que nos ocurre es una alteración en el ritmo normal de secreción de cortisol y de otras hormonas del bienestar. Y esto implica que nuestra salud mental se vea afectada, así como la salud intestinal, clave, por cierto, para la óptima absorción de nutrientes esenciales —como la proteína— y micronutrientes —como magnesio, vitaminas del grupo B (B1, B3, B9 y B12)—, todo ello relacionado de forma directa con el cansancio. Estos nutrientes sirven para que los músculos y huesos se mantengan en su estado óptimo, gracias a que las mitocondrias, o lo que es lo mismo, la fábrica de energía celular, tendrán todo lo que necesitan.

La doctora Viña me explica de la manera más visual posible lo que pasa cuando nuestro cuerpo no absorbe adecuadamente esos nutrientes a causa del estrés: «Comenzamos a no tener la gasolina que se necesita para que el coche vaya a una adecuada velocidad en una carretera que es la vida, que nos pide ir a 120 kilómetros por hora cuando tenemos gasolina solo para ir a 20 y sin aire acondicionado».

Este aspecto es más preocupante si consideramos la disminución de la calidad nutricional de los alimentos, derivada no solo de la desmineralización de las aguas de cultivo, sino de la posible contaminación con nanoplásticos y compuestos que tienen un potencial disruptor endocrino (sustancias químicas que pueden interferir en el sistema hormonal del cuerpo). Todo ello puede afectar a nuestros ejes hormonales, especialmente al tiroideo, y repercute en el óptimo funcionamiento energético de nuestro cuerpo. Esta es otra de las explicaciones médicas para tanto cansancio femenino.

Y no podemos olvidarnos de cómo afectan ciertas malas praxis de la vida moderna, como por ejemplo la toma de medicamentos sin control médico. Según Isabel, somos una sociedad altamente medicalizada y consumimos muchos fármacos más allá del periodo en el que es necesario utilizarlos. «Estos fármacos usados crónicamente cuando no son necesarios llevan a una disminución de la absorción intestinal de micronutrientes, clave para la producción de energía celular, como vitaminas del grupo B, magnesio, zinc, hierro, cobre, calcio… Eso también impacta en la salud ósea, que es un sostén clave de nuestro sistema musculoesquelético, fundamental para no sentir dolor ni cansancio. Si se suman los fármacos que habitualmente se prescriben para el manejo del dolor, que suelen generar cansancio y somnolencia, el bucle sigue», advierte en referencia a esa enmarañada cadena de malos hábitos y costumbres adquiridas que no hacen más que incrementar nuestro malestar y agotamiento.

Si además se toma alcohol, vamos para bingo, ya que su consumo está implicado directamente en el cansancio, puesto que disminuye la calidad y cantidad del sueño. «Fragmenta el sueño y reduce la fase REM. Esto significa que te despiertas más a menudo durante la noche (incluso aunque no seas consciente) y, como consecuencia de la reducción de la fase REM, se reduce la capacidad de regulación de las emociones y la consolidación de los recuerdos. Por ello, las personas que toman alcohol no solo están más cansadas, sino que tienen más incidencia de alteraciones del estado de ánimo y de la memoria, lo que indirectamente contribuye también al sentimiento de cansancio y fatiga», puntualiza la experta en hormonas.

En lo que se refiere a las hormonas y sus cambios, el panorama también ha cambiado si nos comparamos con la situación que tenían nuestras madres o abuelas. Es evidente que ellas ya experimentaban fluctuaciones y transiciones hormonales como la menopausia, aunque ahora hablamos mucho más de ello, afortunadamente. Pero el contexto actual con el cambio climático y el aumento de disruptores hormonales puede adelantar nuestra transición a la menopausia.

Como dice Isabel, no es tanto que la menopausia aparezca antes (o sí, depende de cada caso), sino que el proceso se precipita y experimentamos el desajuste hormonal de forma más brusca. Por tanto, los cambios que sentimos cuando nos empieza a rondar la menopausia son más abruptos y los notamos mucho más. «Asimismo, las fluctuaciones hormonales entre ciclos pueden ser más marcadas, y todo lo que se sale de la normalidad, como un exceso relativo de estrógenos *versus* progesterona, puede producir sangrados abundantes que favorezcan la aparición de situaciones como falta de hierro, que a su vez está directamente relacionada con el cansancio o la disminución de la función tiroidea. Al final, en el cuerpo está todo relacionado, los tejidos hablan entre sí», explica la experta dando más razones para entender el círculo vicioso que implica la vida moderna.

## Durante la etapa fértil

Que haya días en los que te podrías comer el mundo y otros en los que solo piensas en cuándo llegará el momento de meterte en la cama tiene mucho que ver con esta montaña rusa de hormonas. Las mujeres que tienen ciclos menstruales regulares y las que saben perfectamente en qué fase del ciclo están puede que tengan localizados esos días en los que se sienten especialmente cansadas a causa del baile hormonal.

Y no hablamos solo de los días de regla, en los que ya hemos asumido que estamos más agotadas de lo normal. Es cierto que en nuestra época fértil el ciclo hormonal puede influir en nuestros niveles de energía, haciendo que haya momentos en los que experimentemos más cansancio que otros, más allá de los días de sangrado. Para afrontar esta situación no existen los milagros ni los remedios puntuales, es decir, hay muchos complementos alimenticios que nos pueden ayudar, pero no tienen un efecto a corto plazo. Es necesario aplicar constancia y tiempo para notar la mejoría. Por eso, si necesitas una solución más puntual para combatir el bajón de los días de menstruación o de otras fases del ciclo, puede ser más útil que optes por alimentos que aportan un *boost* de energía, como el té, el mate y el café.

«Ahora bien, si lo que queremos es prevenir que esto suceda de manera recurrente, lo primero que deberíamos valorar es si hay una posible falta de hierro, ya que esta es una de las causas más comunes de fatiga en mujeres, y eso sí requiere análisis para confirmarlo», recuerda Isabel.

Pero más allá de casos puntuales en los que pueda haber carencias por el sangrado menstrual o por otros motivos, la doctora nos da ciertas pautas para el agotamiento cuya causa sea hormonal:

- Proporcionar a nuestra fábrica de energía (la tiroides) los micronutrientes que necesita. Es decir, coenzima Q10, yodo, myo-inositol y vitamina B3. Además, hay otros suplementos con efecto sistémico en el manejo de la energía, como la vitamina D3, la B12 y el cordyceps (un hongo medicinal que fortalece el sistema inmunitario y se utiliza para combatir la fatiga y aportar vitalidad muscular). También la famosa creatina, una molécula que mejora el rendimiento físico y el efecto del entrenamiento sobre la fuerza muscular.

- Si el cansancio coincide con reglas dolorosas o abundantes, o incluso con el síndrome premenstrual, que muchas veces se siente como una «segunda adolescencia», algunos extractos que pueden ayudar son vitex agnus-castus (para mejorar el bienestar fisiológico durante el ciclo), cúrcuma, vitamina B5 y magnesio. También es interesante la N-acetilcisteína (NAC), ya que su capacidad antiinflamatoria reduce el dolor menstrual.

- Para las que vivimos ese cansancio hormonal con un marcado nivel de estrés y ansiedad —en mi caso, al agotamiento físico en ciertos días del ciclo sumo nervios sin motivo aparente y, en ocasiones, unas ganas imperiosas y nada justificadas de gritar o llorar—, Isabel aconseja el uso de ciertos hongos adaptógenos como el reishi, y extractos como la schisandra, eleuterococo o rhodiola. Pueden ser útiles para modular la respuesta al estrés y mejorar la sensación de energía.

- De la misma manera, para que ese baile hormonal no sea *breakdance*, sino una especie de bachata, el ejercicio siempre ayuda, debido a su efecto analgésico y ansiolítico natural. Y aunque hay muchas teorías sobre qué tipo de deporte hacer en cada fase del ciclo (nunca se me dio bien identificar si estoy en la lútea o en la folicular, como mucho identifico la ovulatoria), la clave está sobre todo en moverse, hacer ejercicio de forma regular y conocerse a una misma para hacer lo que mejor nos funciona en cada momento.

## Energía en la premenopausia y la menopausia

Estar más cansada de lo habitual durante la premenopausia y en la menopausia es normal. Pero para Isabel Viña, es importante abordar esos cambios hormonales que pueden afectar al bienestar y a los niveles de energía analizando el tipo de cansancio. Por tanto, identificar la causa es clave para encontrar la mejor estrategia (como en todo en la vida) y lograr optimizar nuestra energía durante esta etapa (que falta nos hace). Estas son algunas de sus recomendaciones:

- Si el cansancio está relacionado con insomnio, nerviosismo o intranquilidad, lo ideal sería incorporar compuestos que ayuden a relajar el sistema nervioso y mejorar la calidad del sueño, como glicina, L-teanina, melisa y pasiflora.
- Si el cansancio viene acompañado de alteraciones del estado de ánimo, sofocos y otros signos y síntomas más típicos de la menopausia (como sequedad de piel y mucosas, neblina mental o dolor articular), sería más útil recurrir a isoflavonas de soja, salvia y extracto de azafrán, entre otros.

- Cuando es puramente muscular, lo más recomendable sería aportar nutrientes que favorezcan la función muscular y la recuperación, como creatina, magnesio y vitamina D.
- Y una conclusión necesaria: en la etapa de la perimenopausia las mujeres somos más propensas a consumir algunos tipos de fármacos, como los antidepresivos, los cuales han demostrado que pueden reducir ciertos micronutrientes clave en la producción de energía, como la vitamina B12, el ácido fólico y la coenzima Q10, por lo que es importante valorar si el aporte de estos nutrientes es suficiente.

## Recomendaciones para cualquier edad

Es imposible tener la oportunidad de hablar con Isabel Viña (por cierto, su pódcast *Tus amigas las hormonas* es uno de los más escuchados) y no filosofar un poco más sobre este cansancio tan femenino. Ella también cree que queremos llegar a todo. Y que la autoexigencia es el primer gran desencadenante de esta astenia eterna que hemos normalizado. «Vivimos bajo un análisis continuo, y al final nos hace entrar en parálisis por análisis en búsqueda de la perfección en el cuidado. Esto es exhausto», explica retratando una realidad que nos suena a todas.

Para centrarnos en lo que sí está en nuestra mano solucionar, la doctora advierte: «El principal error es creer que estamos cometiendo demasiados errores». Y nos recuerda otras recomendaciones de vida necesarias para el bienestar físico y emocional de la mujer, estemos en la etapa hormonal que estemos:

## 1. Ejercicio de fuerza y cardio (y actividades que nos permitan socializar)

El deporte es un básico contra el cansancio (aunque cueste levantarse del sofá para ir al *gym*), ya que aporta el *booster* de energía que necesitamos las mujeres cansadas (y el resto de los mortales). Si hablamos de ideales, la combinación perfecta de práctica deportiva es fuerza, cardiovascular y alguna actividad física que nos permita socializar. En otras palabras: algo con pesas (o el peso de nuestro propio cuerpo), otro poco de algo que nos haga sudar y algún deporte en grupo que nos haga relacionarnos con los demás (las quedadas pospádel también son salud).

Pero si en algo insisten los expertos es en que, si hay músculo (no hace falta ser Popeye), hay energía. De ahí el furor actual por las prácticas deportivas que implican trabajo de fuerza y equilibrio porque, a medida que avanza la edad, avanza también la pérdida de músculo y hueso. Y ambos, como dice Isabel, son nuestros mayores protectores frente a la fragilidad y el cansancio. Si conseguimos cuidar el músculo y el hueso con entrenamientos de fuerza, lograremos sentar las bases y tener una estructura que soporte el devenir de la vida y sus inconvenientes. La masa muscular y los huesos fuertes son grandes aliados, y parece que el discurso empieza a calar, porque basta ir al gimnasio y ver lo abarrotadas que están las clases de fuerza. Entregarse al pilates y a los ejercicios con pesas de todo tipo es una gran idea.

Y por si quedaban dudas de las bondades de ganar fuerza muscular, Isabel recuerda también que el músculo es una fábrica de hormonas. «Y optimiza nuestro metabolismo de nutrientes como los carbohidratos y las proteínas, y libera sustancias antiinflamatorias que, por ejemplo, dificultan que el estrés crónico afecte a nuestra salud intestinal, evitando que se produzca una disbiosis o una pérdida de la correcta permeabilidad de nuestro intestino, que, como sabemos, es una parte clave de la salud en general, incluyendo la ausencia de fatiga y cansancio», explica dándome más motivos para ir al gimnasio y salir a pasear. Además, basta pensar en cómo te sientes después para comprobar que también es un bálsamo para nuestras queridas hormonas.

## 2. Ingerir suficientes proteínas para que nuestro organismo funcione

Para que el cuerpo funcione necesita gasolina en forma de nutrientes, y la restricción calórica no es una buena amiga. «No podemos pretender afrontar nuestro día a día sin nutrir a los miles de millones de células que se encargan de funcionar al unísono para permitir bombear más de 7.000 litros de sangre al día, respirar más de 10.000 litros de aire diarios y que nuestros riñones filtren 1.200 mililitros de sangre por minuto», cuantifica esta experta para hacernos entender lo importante que es comer mejor.

El problema es que a veces asociamos comer mejor con comer menos, y eso es justo lo contrario de lo que necesita nuestro cuerpo. No es comer menos, es saber qué necesita nuestro organismo para funcionar. Y eso implica ingerir suficientes proteínas (el gran hype en las conversaciones sobre nutrición porque hemos demonizado el consumo de las carnes y cuestionado el de los huevos, y eso nos ha llevado a una posible carencia); ácidos grasos esenciales como el aceite de oliva virgen extra, frutos secos y semillas, y fibra (soluble e insoluble) para optimizar nuestra respuesta a la insulina y regular el tránsito intestinal.

Por eso es importante incrementar el consumo de proteínas de buena calidad, como carnes magras, pescados y huevos, e incluir en la dieta patatas, boniatos, quinoa y trigo sarraceno, ya que tienen ese contenido en fibra que tanto necesitamos. Al final, una dieta equilibrada en la que se coma un poco de todo, y no se retire por sistema un alimento porque nos hemos creído todo lo que nos han contado sobre él, parece la solución más lógica y acertada.

### 3. No esperar a estar cansadas para prevenir

Prevenir como mantra de vida en general, pero también a la hora de suplementar la dieta. Es decir, podemos recurrir a los complementos nutricionales, pero no solo como solución rápida cuando estamos agotadas. No funcionan como un botón de emergencia que podemos pulsar, sino como una alternativa sostenible en el tiempo. Prevenir significa precisamente valorar la salud cuando se tiene y no cuando se pierde. Y cuidarla antes de empezar a sentirnos mal. Pero como dice Isabel, todavía reaccionamos a la enfermedad solo cuando no nos sentimos bien y solo nos planteamos ese extra en forma de suplemento alimenticio cuando el cansancio ya ha hecho mella en nosotras, cuando los síntomas son más que reales.

Por eso, en la medida de lo posible, se recomienda prevenir ciertas insuficiencias nutricionales que suelen derivarse del agitado estilo de vida actual y de la disminución de la calidad nutricional. Si a esto sumamos el estrés crónico, esa mala mezcla hace que los micronutrientes que ingerimos a través de los alimentos se vean afectados y no acaben llegando a nuestro organismo en la cantidad y forma que los necesitamos.

Y no, no hablamos de hacer como Bryan Johnson, el multimillonario obsesionado con envejecer que se hizo famoso, entre otras cosas, por tomar 111 pastillas al día para evitar algo que es inevitable. Hablamos de tener en cuenta algunos de esos básicos que pueden ayudarnos a las mujeres cansadas.

«Destacan la vitamina D3 y K2, el magnesio, la creatina, la coenzima Q10, y, en caso de no consumir carne ni pescado habitualmente, la vitamina B12. Estos compuestos, siempre que sean de calidad y en las cantidades adecuadas (porque más no es mejor, solo mejor es mejor), pueden ayudarnos a prevenir el cansancio y a mejorarlo en caso de que aparezca. Pero siempre va a ser mejor prevenir que curar. Del mismo modo que prevenimos ciertas condiciones de la piel con una rutina facial, también deberíamos prevenir el cansancio crónico optimizando nuestra rutina de suplementación. Aunque lo ideal sería no necesitarlo, los tiempos actuales, lo queramos o no asumir, son diferentes de los de nuestras abuelas y madres», concluye Isabel Viña.

# 15

# Cuando dormir se convierte en un reto

«El ítem más importante en tu bolso de maquillaje es una buena noche de sueño», dijo Tyra Banks hace más de diez años, cuando se hablaba de dormir como el mejor truco de belleza. ¿Cuántas modelos responden siempre que la felicidad y dormir más de ocho horas es el único secreto de su piel inmaculada? No les falta razón a ninguna —ni a las modelos ni a Tyra—.

Sin embargo, reducir sus beneficios solo a eso sería injusto para el sueño (y para nosotras). Sería suficiente con seguir a algunos expertos en bienestar para saber que influye en todas las funciones de nuestro cuerpo y que no dormir lo suficiente aumenta el riesgo de padecer enfermedades neurológicas degenerativas, cáncer y otras tantas cardiacas y metabólicas. Por no hablar de cómo afecta a la creatividad, la capacidad cognitiva y el estado de ánimo. O de cómo dormir poco y mal nos hace envejecer antes y peor. Todo son malas noticias.

## No nos tomamos en serio el sueño

De todos los expertos a los que he oído hablar sobre ello, la frase del doctor Neil Stanley que me ha parecido más rotunda al respecto fue una que ya he citado al inicio: «Cuando duermes poco no eres una persona atractiva con la que convivir». Pero el problema, también decía, es que no nos tomamos en serio el sueño.

Sepultamos su importancia viendo series de Netflix o haciendo *scroll* infinito en redes sociales ya en la cama. Lo peor de todo es que somos conscientes de que irse a dormir entre dosis de luz azul o con la excitación mental que puede provocar la serie de turno no nos va a ayudar a conciliar el sueño —por no hablar de las horas de descanso que restan esos hábitos—. Pero, precisamente porque no nos lo tomamos en serio, caemos en el chute rápido de dopamina que generan.

Una mañana a primera hora en la oficina, mientras me arrepentía por no haber apagado la tele un poco antes la noche anterior —levantarme pensando en la hora de volver a meterme en la cama también es culpa mía—, leía una nota de prensa que se hacía eco de un estudio impulsado por una gama de complementos alimenticios con productos de sueño y relajación.

«El 54 por ciento de las mujeres españolas duerme menos de las horas recomendadas y el 50 por ciento no duerme del tirón durante la noche», rezaban algunas líneas de esa investigación de 2024.

Yo hacía *check* en casi todas las malas conclusiones que ofrecía dicho estudio. Soy una mujer cansada de manual, y ni priorizo el sueño en mi agenda de tareas ni duermo como cuando tenía dieciocho años, lo que me lleva a otro círculo vicioso bastante peligroso. Soy el típico caso de persona que practica lo que la Sleep Foundation ha llamado *revenge bedtime procrastination* o, lo que es lo mismo, postergo el momento de irme a la cama y sacrifico el sueño porque es mi particular forma de venganza por no haber tenido tiempo libre durante el día.

Sí, mi excusa para no darle importancia a ese sueño es que me faltan horas al día y entre tantos quehaceres no me salen las cuentas para dormir ocho horas. Por tanto, acabo durmiendo una media de seis, aun sabiendo todas las consecuencias que tiene.

Sin ponerme alarmista, solo recordaré una de las más evidentes confirmadas también por la ciencia: una noche de sueño malo e insuficiente se asocia directamente con incremento de riesgos de conflicto en las relaciones sociales al día siguiente. Y ese círculo vicioso es muy peligroso: tengo poco tiempo para llegar a todo y prefiero dormir menos. Pero estoy cansada y con la capacidad de concentración por los suelos, lo que me debería llevar a pensar que quizá durmiendo más al día siguiente necesitaría menos tiempo para hacerlo todo, y en esa contabilidad de horas en la que me he empeñado en convertir mi vida el balance sería mucho más positivo. Sin duda, he caído en la rueda de dormir menos y de dormir peor.

A toda esa situación tengo que sumar otros factores que empeoran mi panorama (y el de la mayoría de las mujeres): estrés y niveles de cortisol por las nubes, nada amigos del sueño reparador.

## La mala costumbre de robarle horas al sueño

Puede que dormir las catorce horas que tan bien le sientan a Dakota Johnson no sea viable para la mayoría de nosotras. En una entrevista en 2023 a *The Wall Street Journal* la actriz afirmó: «Dormir es mi mayor prioridad en esta vida»; aunque su cuota ideal de sueño eran catorce horas cada noche, era incapaz de hacer frente al día con menos de diez.

Hay una realidad incuestionable: tenemos la necesidad de dormir unas siete u ocho horas, por mucho que el día nos lleve por delante y lo terminemos tarde y lo empecemos pronto por ese afán de querer llegar a todo.

En mi caso, y creo que es una situación generalizada entre mujeres, sobre todo a partir de los cuarenta, cuando las responsabilidades y cargas familiares varias se entremezclan con cambios hormonales, dormir es casi otro reto. Y una especie de paradoja, porque a pesar de estar agotadas y necesitar esas ocho horas como agua de mayo, llegamos a la cama «derrapando» (como repite siempre la experta en sueño, Jana Fernández), muy tarde, con la intención de levantarnos pronto (las cuentas no vuelven a salir) y con unos malos hábitos de serie que ponen aún más difícil dormir bien.

Como me dice el doctor Javier Albares, experto en la materia y director y fundador de la Unidad de Medicina del Sueño en el Centro Médico Teknon de Barcelona, tenemos la costumbre social de, si nos faltan horas, quitárselas al sueño. Y eso es una barbaridad, porque es fundamental para nuestra salud física y emocional. Los datos no mienten: uno de cada tres adultos en nuestro país presenta trastornos de salud mental y también están relacionados con la falta de sueño, así como con enfermedades metabólicas, regenerativas, cardiovasculares, sobrepeso, problemas de fertilidad...

Por tanto, es una necesidad priorizar el sueño. Y no solo porque sea un accesorio de belleza o una herramienta emocional que ayuda a gestionar las relaciones sociales, sino porque es un pilar básico de nuestra salud. Y dejarlo para el final diciendo eso de «Si tengo tiempo dormiré», porque lo hemos relegado a los últimos puestos de nuestra escala de prioridades, es un tremendo error.

Aun sabiendo lo bien que sienta y lo necesario que es para la salud, soy de las que sigue creyendo que dormiré «solo si tengo tiempo». Un mal pensamiento que acompaña a una deficiencia que pone un poco más fea la situación: no solo duermo poco, sino que duermo regular, entre otros motivos porque llego a la cama con el cerebro a mil revoluciones y sin cumplir ninguna de las recomendaciones de la higiene del sueño, ya que me meto entre las sábanas móvil en mano y con la tele encendida. Y esto provoca que me cueste conciliarlo, o que si caigo rendida por puro agotamiento, termine teniendo un sueño ligero que me lleva a despertarme en mitad de la noche con el desvelo (y *overthinking*) que conlleva. Porque todo lo que imaginas y piensas por la noche suele ser mucho peor en tu mente que en la realidad.

En mi propósito de cambiar de mentalidad, me he grabado a fuego una de las frases que más repite el doctor Albares: «El día es la fábrica de la noche».

Intento convencerme de esta metáfora así: el haber normalizado el estrés (tanto hombres como mujeres), el ser víctimas de un estrés crónico, el estado de alerta permanente, la multitarea y la hiperexcitación que nos llevan a realizar demasiadas cosas, muy deprisa y con poca profundidad, implica llegar a la noche en malas condiciones para dormir.

Que me lo digan a mí, que a veces me meto en la cama casi con la misma premura y estado de nervios que cuando cojo el metro por la mañana después de haber corrido mi particular maratón con quehaceres varios antes de salir de casa. Y claro, si nuestro día no es equilibrado y no hay momentos de pausa y de hacer cosas con atención plena, la noche no pinta que vaya a ser mejor. Para dormir bien también hay que hacer cosas bien durante el día, para que ese momento de conciliar el sueño no se acabe convirtiendo en un reto más.

## Nuestro sueño es diferente

Una vez más, nuestra condición femenina y nuestro contexto empeoran un poco más las cosas, incluso a la hora de dormir. Era algo que imaginaba (las hormonas y la carga mental no podían jugar a nuestro favor), y me lo confirma Carla Estivill, experta en sueño y ritmos circadianos y directora y responsable de proyectos de investigación de las Clínicas del Sueño Estivill.

«A diferencia del hombre, el sueño de la mujer se ve muy influenciado, por un lado, por sus diferentes cambios hormonales, desde el ciclo menstrual, el periodo del embarazo y la menopausia. Es en la menopausia cuando observamos un porcentaje más elevado de mujeres (de media, un 45 por ciento), con problemas de sueño, debido a los síntomas de esta fase y a los cambios de humor. Pero, además, el estado emocional de la mujer, debido a la presión social, pero también a la forma de ser, es un factor determinante en la calidad de su sueño», resume.

Todo esto explica, en parte, esos estudios que confirman que las mujeres necesitamos dormir más que los hombres.

Realmente la media está en unos doce minutos más aproximadamente, lo que no es una diferencia significativa a nivel médico. Pero puede que sí a nivel social (en redes sociales el debate a raíz de estos estudios ha estado servido), porque explica de manera terrenal que todas esas sobrecargas a la que nos enfrentamos durante el día requieren mayor tiempo de regeneración mental por la noche. El sueño, al fin y al cabo, es eso, el proceso de reparación más poderoso y accesible que hay, pero que nos empeñamos en obviar cegadas por los quehaceres y pensamientos varios.

## El «mundo híper» nos impide dormir

Para Carla, ese estrés y la vida frenética que llevamos nos invaden el tiempo que necesitamos dormir, pero también afectan a la calidad del sueño precisamente por ese estado de hiperactivación muy elevado durante el día (y mantenido en el tiempo, incluso justo antes de dormir).

Cuando intentas meterte en la cama con ese nivel de excitación que manejamos 24/7, no le estamos dando tiempo al cerebro a desconectar y tenemos serias dificultades (el cerebro y nosotras, lo comprobamos cada noche) para tranquilizarnos y reducir la activación del sistema nervioso. No podemos pasar de cien a cero y pretender dormirnos nada más meternos en la cama porque está demostrado que para que el cerebro baje revoluciones y se vaya desconectando necesita esas dos horas de preparación de las que tanto se habla.

Como dice la experta en sueño, «el mundo híper (hiperproductivo, hiperconectado e hiperconsumista) en el que vivimos está generando una sociedad frenética del consumo y la productividad, que conlleva un sentimiento de frustración debido a la sensación de no llegar nunca a todo lo que era posible hacer. Hoy en día lo tenemos todo las veinticuatro horas del día: la televisión no tiene horario, los capítulos de series están siempre disponibles, podemos hacer compras online, estar conectados a internet desde el móvil, redes sociales, noticias… Querer ser tan productivos nos roba horas de sueño. Y el dejar listas de cosas pendientes por hacer nos genera frustración, estrés e insomnio».

Además de la hiperproductividad de nuestra sociedad, la sobrecarga mental es otro suma y sigue que dificulta la necesaria tarea de dormir. Para dormir bien es necesario tener un día equilibrado, y si está cuajado de ese afán extremo tan nuestro de realizar tareas sin parar, junto con las cargas habituales de nuestra mochila emocional, tendremos un mal dormir.

Está claro que lo ideal sería solucionar este equilibrio de cargas. Admito que no es fácil, aunque se puede y se debe intentar.

Carla también repite en su discurso la importancia de empezar a soltar, de procurar no llegar a todo. Podemos (y debemos) dejar tareas pendientes; dejar que nuestra pareja tome las riendas; podemos decir que no y comprar esa idea tan necesaria de que si no cumplimos con absolutamente todo no pasa absolutamente nada. Y por supuesto, en este viaje de bienestar, respetar las horas de sueño es innegociable, así como nuestro autocuidado durante el día para llegar algo más descansadas a la noche.

## ¿De verdad necesitamos dormir ocho horas?

Respecto a la cantidad ideal de sueño, que siempre hemos cifrado en ocho horas como mínimo, tanto Albares como Estivill aligeran en cierta medida este mito, pero sin justificar que se pueda dormir menos. Cada persona precisa un número de horas diferente, pero los expertos confirman que el 90 por ciento de los adultos necesita entre siete y ocho horas. Habrá pocas personas que requieran menos y yo, que llevo abonada a las noches de seis horas mucho tiempo, no soy la excepción.

Es cierto, como dicen los doctores, que el número de horas indispensables también depende del sexo y la edad (las personas mayores suelen necesitar menos horas, aunque también rematan con siestas complementarias durante el día). Y también lo es que las mujeres necesitamos dormir más que los hombres (doctor Albares *dixit*).

Pero sea como fuere la teoría, la práctica confirma las necesidades de cada persona, y una de las mejores formas de saber si estamos durmiendo lo suficiente, según me cuenta Albares, sería ver cuántas horas necesitamos para despertarnos sin una alarma y encontrarnos frescos y relajados, de buen humor, con capacidad de concentración. Yo claramente suspendo: necesito el despertador y, aunque como miembro (a veces involuntario) del club de las 5 de la mañana rindo mucho más por la mañana, mi capacidad de concentración va decreciendo demasiado pronto porque me alejo bastante de la media de sueño general y necesaria en un adulto. Pretender que mi media sea de seis horas (y que no pase absolutamente nada) es otro error de manual.

## Nuestra actitud ante la vida

La falta de sueño que hemos asumido como normal —y que tantas veces justificamos por falta de tiempo— es la causante de muchos de los males de las mujeres cansadas. Somos conscientes de ello, pero no viene mal que sea un experto quien nos lo recuerde. Sabemos (y experimentamos en nuestras propias carnes) que la falta de sueño nos afecta directamente en el bienestar del día siguiente. Es un hecho que, cuando dormimos mal, nosotras (y quienes nos rodean) lo pagamos caro: estamos de peor humor, sensibles, irascibles, con poca o ninguna paciencia y probablemente hasta con una actitud más pesimista hacia la vida. Todo se ve peor cuando no se ha dormido bien y suficiente.

Esta deficiencia también repercute en nuestra productividad —intenta cumplir con todos los deberes de la lista tras una mala noche—, pero lo peor es que nos afecta muchísimo en el ámbito emocional y social, en la actitud con nuestros compañeros, familiares, amigos, con nuestra pareja. Y eso pasa factura, porque, según Carla: «La privación de sueño en definitiva genera una baja tolerancia al estrés, una mala gestión de las emociones, y a medio plazo esta situación se cronifica y aparece estrés crónico y ansiedad, y a su vez, insomnio. Por tanto, la privación de sueño es un desencadenante de un cuadro de desequilibrio emocional».

## Hábitos para mejorar la calidad del sueño

Carla Estivill también experimenta en carne propia lo difícil que puede resultar tener un buen sueño cuando vivimos aceleradas e hiperestimuladas. Pero tiene su particular hoja de ruta para intentar hacer frente a la situación, como profesional y como mujer. Ella también tiene el reto de gestionar un ritmo frenético de carga mental y también se siente sobrepasada en ciertos momentos, pero prioriza la constancia para que sus estrategias de control del estrés se mantengan como hábitos diarios.

En primer lugar, combate el sedentarismo que implica un trabajo como el suyo en consulta con hábitos activos durante el día: por ejemplo, yendo al trabajo caminando, buscando un rato a mediodía para hacer deporte y siendo muy activa también durante el fin de semana.

En segundo lugar, es muy consciente de la importancia de poner límites a la multitarea. Para lograrlo, pone en marcha estrategias sencillas y efectivas, como desactivar las notificaciones en el móvil para evitar la dispersión.

Y, por último, ha establecido un horario regular de cena con la familia: las ocho y media de la tarde. Esta es otra de sus herramientas para irse pronto a dormir y, al mismo tiempo, favorecer que todo el mundo en casa lo haga también (la importancia de dar ejemplo también en cuestiones de descanso). Benditas rutinas, como diría mi madre.

Si buscamos recomendaciones más generales, el doctor Albares tiene otras tantas (no será por falta de ideas). Al fin y al cabo, conocer la teoría ideal siempre es bueno para intentar adaptarla a nuestra vida real. Sus principales propuestas se resumen en las siguientes:

- Es importante tener el día equilibrado, y poder organizarlo para que las dos horas previas al suelo sean tranquilas, sin cargas, relajadas, incluso con prácticas de *mindfulness,* yoga y similares.

- La lectura en papel (no en pantallas) es un gran ayudante del sueño.
- Evitar el consumo de excitantes y de alcohol.
- Realizar actividad física de forma regular.
- Buscar la exposición a la luz natural durante el día.
- Reducir el uso de las pantallas. El doctor asegura que son totalmente tóxicas para nuestro sistema nervioso, porque lo hipersensibilizan.

Parece un tópico pedir que las dos horas previas al sueño sean relajadas, pero ya sabemos que el día va a determinar la noche.

P. D.: Felices sueños y mañanas descansadas.

# 16

## La queja constante agota

Recuerdo una conversación con una amiga en un momento en el que ella tenía una carga de trabajo más intensa de lo habitual. Cubría una baja de maternidad de una directora y seguía haciendo su trabajo, una situación bastante habitual por otra parte en muchas empresas, pero el capítulo de reclamaciones laborales lo dejamos para otra ocasión. En esa charla dijo una frase que siempre intento tener presente en mi día a día: «Tú no te quejes, que si te quejas te cansas más. Nunca he admirado a nadie que se queje».

En realidad, la frase no es suya, sino de Kiko Veneno, pero ella la había convertido en mantra de vida en un momento en el que estaba bastante desbordada y podía haberse instalado en el lamento constante de la situación. Pero había preferido recordar de vez en cuando la frase de Kiko Veneno y llevarla a la práctica, intentando sacar el lado positivo de un panorama complicado. Era difícil ver lo bueno de ese doble trabajo, pero lo asumió como un aprendizaje, un máster de empresa acelerado que no tuvo que pagar. Y luego de alguna manera terminó dando sus frutos, por lo aprendido y porque tuvo su reconocimiento profesional.

Evidentemente no debería haber sido así. No tendríamos por qué hacer el doble de trabajo cuando hay una baja de maternidad, ni debería ser ese el único camino para acabar teniendo un ascenso. Pero centrándome solo en el aspecto emocional, su manera de afrontar la situación y de no entrar en la espiral de la queja por la queja la ayudaron en ese momento. A ella y a todos sus compañeros, porque no tuvieron que oír durante cuatro meses a diario la queja de que tenía mucho trabajo. Ellos ya lo sabían y mi amiga les ahorró el mal rollo.

Con esto no quiero decir que no nos quejemos. De hecho, en muchos momentos personales y laborales es necesario hacerlo para buscar soluciones. Y aunque la frase popular no suena del todo bien, «El que no llora, no mama», la realidad, por desgracia, es que, si no nos quejamos y hacemos ver nuestro malestar por una situación, no siempre se consiguen mejoras.

## Queja activa *versus* queja pasiva

La queja pasiva, la queja por la queja, el ver todo el rato el lado negativo de todo, a mí me agota. Y últimamente, en muchas ocasiones me he visto metida en conversaciones en las que había una especie de competitividad por ver quién hacía más. El «No me la vida» puesto en común para ver quién estaba peor. Esas conversaciones acaban siendo solo una exposición de retahílas de todo lo que hacemos, una demostración de sobreesfuerzo que parece que sí o sí va a tener recompensa en algún momento (aunque sea en otra vida).

No diré que soy la persona más positiva del mundo y que no me quejo por nada. No lo soy. De hecho, me alivian bastante esos momentos con amigas en los que nos contamos nuestras penas y nuestros agobios, nos desahogamos y nos quejamos un poquito de lo humano y de lo divino. Son una especie de terapia para mí. Me refiero a las conversaciones del «Y yo más» en las que yo misma caigo muchas veces intentando autojustificar todo lo que hago. Pero reconozco que me dejan agotada porque me meto de lleno en una espiral un tanto tóxica de negatividad que no me suele llevar a ninguna parte.

## No encontrar la validación en nuestro bienestar

De ello he hablado con la psicóloga Violeta Alcocer, autora de un maravilloso libro que deberíamos leer también las mujeres cansadas, *Auténticas impostoras*. Ella tiene una visión mucho más práctica y objetiva de estas conversaciones. Y hace una reflexión social de aquello que no deberíamos pasar por alto.

«Vivimos en una sociedad donde el valor de una persona está directamente ligado a su nivel de productividad. El capitalismo nos ha inculcado la idea de que, cuanto más hacemos, más valemos, y el patriarcado lo refuerza aún más en las mujeres, exigiéndonos ser trabajadoras ejemplares, madres perfectas, amigas presentes y compañeras inagotables. Esto nos mete a las mujeres en una espiral de autoexigencia y comparación, donde la validación la obtenemos a través de la acumulación de tareas y no del bienestar personal. El problema es que esta actitud nos mantiene en una lógica de explotación y agotamiento que solo beneficia al sistema, no a nosotras». Qué cierto todo lo que dice Violeta.

La validación no la encontramos a través del bienestar personal. En ninguna de esas conversaciones quejicas de las que hablaba, ninguna de nosotras competíamos por ver quién descansaba más, o quién priorizaba ir a una clase de pilates, o sentarse un rato en el salón de su casa a leer un día cualquier a las seis de la tarde. ¿Cuándo ocurre eso en la vida de una mujer cansada?

De hecho, si alguna vez decidimos priorizar ese bienestar que hemos sepultado, a veces hasta nos sentimos mal. Y nos cuesta reconocerlo en público. La conversación de autovalidación tiene que ir siempre en torno al «hacer, hacer, hacer», como tradicionalmente lo conocemos. Está claro que el verbo *hacer* en este contexto debería incluir hacer cosas por nuestro bienestar. O simplemente disfrutar del no hacer nada de vez en cuando porque es tremendamente productivo para nuestro cuerpo y nuestra mente. Pero hoy en día creo que cuesta entenderlo y aún más practicarlo.

## El gran problema: nuestro valor está solo en lo que hacemos

Para la psicóloga Pilar Guerra, todo esto tiene que ver con el hecho de que la productividad se ha convertido casi en una medida de valor personal. Lo ve como un reflejo de la sociedad en la que vivimos, que premia la hiperactividad y nos hace sentir que descansar o simplemente *ser* no es suficiente. Vivimos constantemente en el *hacer.*

Aunque afortunadamente esta mentalidad empieza a cambiar entre los más jóvenes —la generación Z ya no vive para trabajar, trabaja para vivir—, los que no somos zetas nos validamos todavía solo a través del trabajo bien hecho (sin tener en cuenta cómo nos hace sentir). Y claro, esto puede generar ansiedad, estrés y una sensación de insatisfacción constante, porque siempre parece que podríamos estar haciendo más.

A medio camino entre los *millennials* y la generación X, yo convivo con el pensamiento de que siempre puedo dar un poquito más de mí, esa impresión siempre me sobrevuela. Y creo, a juzgar por mis amigas y compañeras, que es bastante generalizado. Como dice Guerra, esa necesidad de validación que parece subyacer en todas estas conversaciones tiene mucho que ver con lo que ella llama *cultura comparativa*, es decir, vivimos en un entorno que fomenta la comparación constante con los demás. Y más ahora, cuando podemos ver los logros celebrados por otros en redes sociales y esa exposición pública nos puede hacer sentir la presión de demostrar que nosotros también somos productivos y exitosos.

También puede tener que ver con un miedo al juicio y una baja autoestima o inseguridad. Aunque la teoría dice que no deberíamos necesitar justificarnos para sentirnos válidas, la realidad es que por desgracia es un mecanismo aprendido para muchas personas. Nos han enseñado que nuestro valor depende de cuánto producimos, no de quiénes somos.

El camino, según Guerra, está en cambiar esta actitud para conectar con nosotras mismas de una manera más auténtica y aliviar la presión de estar demostrando constantemente nuestro rendimiento. «Aprender a valorarnos más allá de lo que hacemos nos da mayor bienestar y nos permite vivir con menos culpa y más plenitud», dice. Qué necesario ese cambio de mentalidad.

Las palabras de Pilar describen una situación que yo —y probablemente muchas de vosotras— experimento a diario en mis propias carnes: he focalizado mis esfuerzos en que mis días sean plenamente productivos, y eso acaba siendo otra pescadilla que se muerde la cola: productividad / comparación con los demás / estrés / cansancio / mal humor. Y vuelta a empezar, cometiendo el gran error de centrar nuestra existencia en el hacer y no tanto en el sentir. Otra gran equivocación.

Como me dice mi marido en algunas ocasiones que se pone dramático para hacerme ver lo que de verdad importa cuando me estreso por trabajo o cuestiones mundanas: «¿De verdad esto es lo que te importaría si fuese el último día de tu vida?». Quizá la frase suena exagerada, pero doy fe de que pronunciarla en voz alta te hace cambiar el chip y la escala de prioridades cuando pienso que el mundo se va a acabar porque no he podido entregar un artículo a tiempo. O cuando crees que deberías haber contestado otra cosa en ese email de trabajo y te lamentas por no haber sabido dar la respuesta correcta (a toro pasado siempre es más fácil creer que lo podrías haber hecho de otra manera).

Así que es importante cambiar esta actitud aprendida porque impacta en nuestra salud mental. La comparación constante y la búsqueda de la perfección pueden generar ansiedad, estrés y *burnout,* ese término tan en boca de todos hoy en día que viene a explicar el desgaste físico y emocional ocasionado por los trabajos; aunque ya sucedía antes, hoy se ve incrementado por un contexto laboral en el que se pide hacer más con menos (seguro que te suena).

Y, como me recuerda Pilar Guerra, cuando estamos enfocados en demostrar nuestra productividad, podemos perder de vista nuestra pasión y creatividad. Incluso nuestra calidad de vida en general, porque la necesidad de compararnos con los demás puede generar conflictos y resentimientos en nuestras relaciones sociales. Por eso es tan necesario recordar que cada persona tiene su propio ritmo y prioridades. Como dice mi profesora de yoga, que no te importe lo alto que suba la pierna tu vecina de esterilla, lo importante es hasta dónde puedes llegar tú y el esfuerzo que haces para lograrlo.

## Quejarse para cambiar

Volvemos otra vez al círculo vicioso que siempre nos persigue a las mujeres cansadas: estamos cansadas y nos quejamos —solo faltaría que no lo hiciésemos—, pero quejarse mucho también cansa. La queja constante es un arma de doble filo. A corto plazo, compartir nuestras preocupaciones con los demás puede ser liberador y generar conexión (¿quién no necesita un ratito de desahogo con un compañero de trabajo cuando has recibido un encargo de última hora inesperado o cuando las críticas sobre algo que has presentado no han sido todo lo constructivas que hubieras deseado?).

Pero si nos instalamos en la queja como hábito, terminamos reforzando una visión negativa de la realidad. Nos desgasta emocionalmente y afecta nuestro estado de ánimo, haciendo que veamos la vida desde un prisma pesimista. Por eso Pilar sugiere que, en estos casos, en lugar de centrarnos solo en lo que nos agobia, intentemos equilibrar con la gratitud y la búsqueda de soluciones para no quedar atrapadas en un bucle de frustración.

Está claro que cuesta, pero la próxima vez que me pidan cambiar un artículo, en lugar de encallarme y quejarme ante mí misma porque me toca rehacer algo que creía que estaba bien, va a ser mucho más práctico y sano intentar buscar soluciones: o bien ejecutar los cambios, o bien defender los motivos que me han llevado a hacerlo así, sin instalarme en la queja en solitario conmigo misma.

Aunque la queja por la queja nos conduce a un estado de negatividad, es importante que no perdamos de vista el problema de fondo que ocasiona ese lamento. Para Violeta Alcocer, la queja constante es un síntoma del malestar estructural en el que vivimos las mujeres. Sentimos frustración porque nos han vendido la idea de que si trabajamos duro —no solo se refiere al terreno laboral, sino también al resto de los ámbitos de nuestra vida como la maternidad, el autocuidado...—, «alcanzaremos la plenitud». De alguna manera nos hemos creído esa idea, la cultura del sobreesfuerzo nos ha inculcado que el camino largo suele tener recompensa. Pero la realidad, tal y como afirma la psicóloga, es otra.

«La precariedad, la explotación laboral, el techo de cristal, la brecha salarial, las dobles jornadas (en el trabajo y en casa) o perseguir estándares de belleza imposibles nos dejan sin energía. Esto genera un círculo vicioso de agotamiento y descontento. Pero el problema no es la queja en sí, sino que no siempre podemos canalizarla hacia cambios reales. La queja es en realidad una señal de que algo no funciona y debería impulsarnos a la acción, tanto individual como colectiva», dice esta psicóloga.

Y es rotunda cuando le pregunto por la idea de trabajar una actitud más positiva y huir de ese tono negativo. Los mensajes Mr. Wonderful de «Hoy voy a ser la caña» y «Que nada detenga tus sueños» han calado en Instagram durante mucho tiempo, pero el «Si quieres puedes» nos ha conducido a un discurso poco objetivo que pone todo el foco solo en conseguir cosas, logros, sueños.

Y debemos tener cuidado con el positivismo tóxico. Violeta confirma que muchas mujeres acuden al médico, al psiquiatra o al psicólogo buscando respuestas a su malestar, y les dicen que con «buena actitud» podrán aliviar ese cansancio u otros síntomas, cuando en realidad el problema es estructural.

«No es nuestra actitud lo que nos agota, sino la carga mental y emocional, la falta de tiempo para el ocio y el descanso, las desigualdades y las violencias», recuerda Violeta. Y por supuesto, aunque tener una mirada más amable hacia nosotras mismas, intentar cambiar la mentalidad y las creencias arraigadas al respecto y practicar el autocuidado nos puede ayudar a sobrellevarlo mejor, para la psicóloga el verdadero alivio viene de cuestionar y transformar las condiciones que nos hacen estar agotadas.

Por eso es importante cambiar ese mensaje mental de buscar estrategias para ser más positivas. La clave es reconocer que necesitamos cambios colectivos y que hay un problema estructural de base en torno a esa queja tan instalada en nuestras vidas. Pero mientras esos cambios llegan y para hacer frente a nuestro agotamiento, hay algunas cosas que podemos hacer según la psicóloga. Y van mucho más allá de intentar poner buena cara al mal tiempo y no quejarse.

- **Aprender a decir no**, aunque cueste. Es importante saber que no tenemos que demostrar nada a nadie ni justificar nuestra valía con exceso de trabajo. Y decir no suele ser mucho más beneficioso a la larga que asumir algo que no deseamos hacer desde el silencio. No negaré que me está costando y que es un aprendizaje complicado, pero cada vez que consigo negarme a algo (con argumentos) siempre me pregunto por qué no lo hice antes.

- **Crear redes de apoyo.** En vez de competir entre nosotras por quién hace más y de meternos en esas conversaciones en las que parece que queramos demostrar quién está más cansada, podemos, como dice Violeta, tejer alianzas donde el descanso y el cuidado mutuo sean una prioridad. La próxima vez que me vea en una de estas conversaciones, intentaré obviar el «Y yo más» que siempre termino diciendo para justificar que yo también estoy ocupada. E intentaré reconducirlas hablando de lo bien que me ha sentado una clase de pilates o de lo mucho que me está gustando el libro que estoy leyendo.
- **Reivindicar el descanso.** De la misma manera que participamos del mito de la productividad durante mucho tiempo, hagámoslo ahora alabando las bondades de los domingos de pereza en el sofá y de lo bien que sienta dormir bien, tener tiempo de ocio y hacer cosas sin un propósito productivo. A partir de ahora cuando llegue a la oficina, en lugar de poner en relieve solo lo que he hecho —ordenar, cuadrar las agendas de mis hijas, terminar este artículo que me traía de cabeza...—, destacaré lo bien que me sentó dormir un poco más el domingo o cancelar un plan que no me apetecía para hacer maratón de la serie de turno. En definitiva, más hablar del sentir y no tanto del hacer.
- **Reflexionar sobre la culpa,** esa que tenemos tan interiorizada en nuestro ADN. No tenemos que ser perfectas, ni estar disponibles para todo, ni siempre de buen humor. La imperfección forma parte de nuestra vida y conviene asumirlo así.
- **Convertir la queja en acción.** Violeta insiste en que el foco no siempre tiene que estar en cambiar nuestra ac-

titud y adaptarnos a la situación cueste lo que cueste. Por eso hay que trabajar también en el cambio social. Así, cuando algo no me guste, puedo quejarme en *petit comité* y entrar en un bucle infinito de lamentos, o puedo acompañar ese desahogo entre amigas en una oportunidad para manifestar la necesidad de cambios a quien corresponda. A nadie le viene mal desahogarse en un momento dado, pero de poco servirá si no se dan pasos para cambiar lo que creemos que está mal.

# 17

## Comidas que ayudan

En mi debate interno por encontrar alternativas y modificar hábitos para intentar cambiar este estado civil (y de vida) en el que me he instalado, vuelvo a caer en la contradicción. «Somos lo que comemos», ya lo dijo en 1850 el antropólogo Ludwig Feuerbach, dando lugar a una de las frases más manidas y ciertas de la historia.

A la hora de ser consecuente con esa máxima, tengo identificado mi problema: en esa especie de competición en la que he convertido mis días tampoco me queda mucho tiempo para organizarme, planificar y comer todo lo bien que me gustaría. A mediodía lo hago frente al ordenador, saltándome a la torera esa regla de oro en la que insisten tanto los nutricionistas: la necesidad de comer de forma consciente, sin estímulos visuales de por medio, ya que así podremos prestar atención a lo que comemos, no ingerir de más ni deprisa (lo que genera problemas digestivos y exceso de calorías) y darle tiempo a nuestro cerebro para que reciba esa sensación de saciedad que necesitamos si queremos comer de forma equilibrada.

## Mi yincana de malos hábitos nutricionales

Como sucede a menudo, conozco al pie de la letra la teoría, pero mi rutina está repleta de circunstancias que me impiden llevarla a cabo: una agenda apretada, una lista eterna de quehaceres impuestos y autoimpuestos, horarios escolares poco compatibles con las jornadas laborales actuales (siempre soy la mamá que llega la última a recoger a sus hijas del cole) y esa falsa creencia de que no puedo perder ni quince minutos de mi tiempo en parar. Todos estos factores me han metido —y he dejado que me metan— en esa rueda de vivir sin detenerme, aun sabiendo lo mal que sienta este piloto automático siempre conectado.

Desayuno practicando la multitarea, es decir, dando paseos de un lado a otro de la casa para hacer la cama; recoger la habitación de mis hijas, que son maravillosas pero no conocen el orden; prepararme este túper que me comeré tristemente frente al ordenador en la oficina... El desenlace de esta situación es tan previsible como fácil de imaginar: engullo la tostada de jamón y tomate (porque la teoría del desayuno perfecto también la conozco) y salgo de casa con el cortisol por las nubes por no haber parado ni cinco minutos desde que me ha levantado de la cama.

La yincana de malos hábitos nutricionales sigue: a mediodía suelo pecar más por defecto que por exceso: una ensalada ligera, algo de sushi o un poke *spice tuna* los días grandes que decido no cargar con el túper. Este almuerzo tan espartano me lleva a tener un hambre atroz a media tarde y a la tentación casi irremediable de querer acompañar el café con algo dulce (la fruta no me vale).

Y por la noche me enfrento al dilema de las cenas, justo cuando ya estoy más relajada y me apetece comerme una pizza cuatro quesos. Pero como soy más que consciente de la teoría, opto por una cena ligera, con el hándicap que tenemos las mujeres cansadas de no tener ganas ni tiempo de cocinar algo elaborado. Con esta pésima combinación de factores, termino recurriendo a mis cenas básicas en forma de tortilla francesa y tomate con sal, huevos con salmón o crema de verduras. Y aunque no están mal, en ocasiones son tan livianas que al día siguiente me levanto cansada, de mal humor y con todas las papeletas en mi mano para comerme un trozo de esa tarta gigante de chocolate que han mandado a la redacción para celebrar el Día del Chocolate (o el de la Amistad, el de los Museos..., cualquiera es bueno para aportar una excusa).

## No solo cantidad, sino calidad nutricional

Cristina Barrous, experta en nutrición que tiene su WhatsApp saturado con mis mensajes haciéndole preguntas cada dos por tres sobre temas de alimentación, es rotunda cuando le pregunto por esta relación inexorable entre alimentación y cansancio.

«La alimentación es nuestro sustrato de energía. Influye como influye la gasolina en los kilómetros de tu coche. Y no es solo la cantidad de energía que metes, sino la calidad», dice. Y por mucho que hayamos crecido contando calorías —la cultura de las dietas de los años noventa ha hecho mella en todas las personas que vivimos entonces—, Cristina insiste en la importancia de saber que no es lo mismo calorías que aporte nutricional.

Hace tiempo que grabé a fuego en mi mente el mensaje de que no se puede vivir contando calorías. Sin embargo, todavía sigo pecando y, al ir al supermercado, elijo un yogur o un gazpacho en función del aporte calórico. Y resulta que no es solo eso lo que tenemos que mirar. Creer que las calorías son sinónimo de energía es otro error, de la misma manera que me creí (nos creímos) que el cerebro necesita azúcar —azúcar blanco— para funcionar.

Por eso Cristina me insiste tanto en la necesidad de dejar de pensar solo en el aporte calórico, salvo en el caso de las llamadas *calorías vacías*, tan presentes en las bebidas con alcohol y en los alimentos procesados, que no tienen ningún tipo de nutriente. Para entenderlo bien, me pone un ejemplo que no deja lugar a dudas: si un plato de pescado, patatas y verduras tiene 800 kilocalorías y dos dónuts tienen lo mismo, siempre es mucho mejor la riqueza nutricional de la primera opción, obviamente. Con las mismas calorías, ese plato nos aportará los nutrientes necesarios, y estos nos ayudarán a minimizar el cansancio, entre otras cosas. Mientras que los dónuts solo nos pondrán el pico de glucosa por las nubes, con todo lo que eso implica, cansancio incluido, por aquello de que todo lo que sube rápido baja igual de rápido.

Este subidón lo tengo más que comprobado con los desayunos: el día que me decanto por la versión dulce, en forma de cruasán o tortitas caseras (a mi hija le encanta hacerlas cada domingo, es difícil negarse), una hora después de haber desayunado ya tengo hambre y poca energía. En cambio, cuando me decanto por el desayuno mediterráneo, en forma de tostada con tomate con jamón, o con huevos los días de suerte, me siento saciada, más enérgica y hasta de mejor humor (es lo que tiene tener el estómago calmado y contento).

Por eso, para favorecer nuestro nivel de energía es importante tener una dieta variada, con más de treinta vegetales y frutas a la semana, proteína de calidad y fácil absorción, minerales como el hierro, que impacta directamente en la cantidad de oxígeno que transportan los glóbulos rojos… Y, por supuesto, no dar por válido que el cansancio es normal sin hacer nada por evitarlo.

## Un error: comer demasiado ligero

Está claro que la mayoría conocemos la teoría de la alimentación saludable, pero en nuestro caso concreto, el de las mujeres cansadas, hay ciertos errores comunes que cometemos en ese frenético estilo de vida que hemos abanderado y que no están directamente ligados con las elecciones nutricionales que hacemos a diario.

Muchas veces creemos que lo estamos haciendo bien porque desayunamos tostada con aguacate y pavo; comemos una ensalada con los *toppings* e ingredientes más sanos que ofrecen en la tienda de al lado de la oficina y cenamos preferentemente proteína para cuidar el peso. Todo eso está muy bien, pero en todas esas praxis sigue latente un pensamiento generalizado entre nosotras de querer cuidar el peso y de acabar comiendo demasiado ligero.

Así me lo explica otra de mis queridas amigas nutricionistas (que también recibe mensajes míos varias veces por semana), Itziar Digón. Como psiconutricionista especializada en alimentación consciente, todas sus respuestas siempre tienen un interesante componente vinculado no solo con lo que comemos, sino con cómo lo hacemos. También es maravillosa dando ideas de platos; aún recuerdo cuando le pregunté cómo hacer una cena rica y sana de lunes, y me sorprendió con una pizza con una tortita de trigo integral, tomate casero, albahaca y un poco de queso parmesano.

Ella cree (y yo lo suscribo, debido a mi afán por seguir mirando las calorías de cada alimento que compro) que todavía en las mujeres subyace la idea de restricción calórica y alimentaria. No es cuestión de generalizar, pero es cierto que la frase «Quiero cuidarme», que tanto solemos repetir, suele implicar quitarse más que ponerse. Es decir, entendemos por cuidarnos comer menos (la idea del peso ideal también nos sigue sobrevolando) cuando tendría que ser comer mejor.

Todo esto puede que nos esté llevando a no alimentarnos lo suficiente para tener niveles óptimos de energía. «Esa idea de restricción nos lleva a un déficit de calorías y falta de combustible, y el cuerpo termina usando sus reservas para seguir cumpliendo con sus funciones vitales. Eso hace que estemos cansadas constantemente. La moda de los ayunos está provocando que la gente se infraalimente y afecta a sus niveles de energía», añade.

Yo no practico el ayuno, al menos de forma premeditada, pero es cierto que hay días en los que las prisas y los asuntos pendientes me llevan a comer frente al ordenador de una manera tan liviana y fugaz que luego, para merendar, sería capaz de pedir en el bar de al lado un menú completo, con primero, segundo y postre. De esta forma, con esa idea de restricción unida a mi noción equivocada de lo que supone cuidarme que suelo tener en la mente de lunes a viernes (los fines de semana me relajo), descarto cualquier tipo de merienda (como mucho, un café) y la bola se hace más grande, se sigue retroalimentando: estoy cansada porque he comido poco, he comido poco porque estoy cansada (y escasa de tiempo y recursos para cocinar).

## Otro error: pocos macronutrientes

Itziar continúa contándome otras de las cosas que hacemos mal en este terreno, ya que la constata con frecuencia en su consulta: la deficiencia de macronutrientes como, por ejemplo, los hidratos de carbono, cuya función es aportarnos energía. Esa es otra idea errónea sobre alimentación —nos la contaron y nos la creímos—: que los hidratos de carbono engordan. Esta falsedad nos ha llevado a descartarlos o minimizarlos (yo todavía sigo pensando que es mejor evitarlos en la cena, aun sabiendo que las verduras también son carbohidratos). Pero la psiconutricionista asegura que este déficit hace que el organismo se resienta.

Además, entre las carencias generalizadas en nuestra dieta (en parte, por la demonización popular de ciertos alimentos), tenemos que destacar el consumo insuficiente de proteínas y grasas saludables. Aunque es cierto que cada vez se habla más sobre la necesidad de ingerir suficientes proteínas —ya hemos empezado a asumir que los huevos no tienen por qué causar colesterol y que son una de las proteínas de mayor calidad—, queda camino por recorrer en el terreno de las grasas saludables, sobre todo porque seguimos relacionándolas con el aporte calórico, pero nos olvidamos de que son muy necesarias para la salud cardiovascular.

También hay un cierto déficit de micronutrientes como vitaminas y minerales, que son fundamentales para todas las funciones vitales y para obtener energía. Itziar concreta las consecuencias de estos déficits: «A nivel cognitivo, esas carencias en el cerebro, sobre todo de glucosa, porque no me estoy alimentando lo suficiente, hace que nos cueste concentrarnos, que no podamos pensar con toda la agilidad que nos gustaría. Y eso termina en un sobreesfuerzo por nuestra parte», dice confirmando que al final volvemos al círculo vicioso de siempre: estamos cansadas y comemos peor. Comemos peor y suben los niveles de cansancio, pero como no nos conformamos con hacerlo regular, hacemos un sobreesfuerzo para hacerlo todo bien. Y nos termina agotando aún más.

A eso sumamos nuestra intención de cuidar el peso, que siempre sobrevuela casi todos los contextos de nuestra vida. Es cierto que hemos avanzado en cuanto a diversidad de cuerpos y estamos empezando a demonizar, afortunadamente, la operación biquini, pero esa idea siempre está ahí.

Si a este cóctel le añadimos el cansancio crónico que arrastramos, la sobrecarga mental y la habitual autoexigencia femenina, nuestros niveles de energía están por los suelos.

## Las malas formas a la mesa

Como psicóloga, en el discurso de Itziar hay siempre una reflexión en torno a nuestros hábitos. Y en este aspecto las mujeres cansadas cometemos otro error porque solemos concebir el momento de la comida, sobre todo a mediodía, como una tarea más de nuestra lista de quehaceres. Como dice ella, lo vivimos como un trámite, como algo que nos tenemos que quitar de encima para seguir con nuestras obligaciones. Y no como un momento de descanso.

Lo de parar para comer en medio de la jornada laboral nos parece casi un privilegio que sustituimos por una comida rápida frente al ordenador en la que puede haber alimentos sanos, pero en la que no se concibe el acto como debería ser, un rato ideal para dejar de trabajar, descansar y recuperar energía. Comemos en modo automático, y eso también cansa, por mucho que la comida sea completa nutricionalmente hablando. Cuando comemos pero seguimos trabajando (ya sea en la mesa de trabajo o fuera de ella, pero mirando el móvil), no tenemos la necesaria sensación de experimentar que es un momento de relajación en el que soltemos lo que hay en nuestras mentes. «Se trata de convertir ese rato en uno de calma, sin los niveles de estrés que manejamos en el día a día. Parar un rato hará que te repongas a nivel energético», recuerda Itziar.

Y no estamos hablando necesariamente de salir a comer fuera un menú del día si estás en la oficina (seamos realistas, no siempre es posible). Pero sí, al menos, de parar veinte minutos para comer en un espacio diferente al de trabajo, sin ordenador ni móviles. Puede ser manteniendo una conversación con compañeros de trabajo. O sola, simplemente siendo consciente de ese momento. A ver si me aplico el cuento, porque esta recomendación está en las antípodas de mi costumbre de comer deprisa frente al ordenador para seguir «llegando a todo».

## La falta de descanso nos hace comer peor

Para abordar la relación entre nuestro cansancio y nuestra forma de alimentarnos, también he hablado con Laura Parada. Esta nutricionista recala en este aspecto tan interesante: el vínculo tan estrecho que existe entre la calidad del sueño, el cansancio, los niveles de estrés y de energía y lo que comemos. Todos esos ámbitos están relacionados entre ellos porque la falta de sueño afecta a las hormonas reguladoras de nuestro apetito, y esto repercute en la forma en que comemos.

Estoy segura de que alguna vez lo has experimentado en tus propias carnes. Después de una noche en la que has dormido poco o peor que de costumbre, al día siguiente tienes más hambre. Y entonces tomas peores decisiones alimentarias, que te llevan a querer todo el rato alimentos ricos en azúcares y procesados.

Esa ansia se debe a que las hormonas que regulan la sensación de hambre y saciedad están tan cansadas como nosotras tras una mala noche. Y no funcionan como deberían. Por eso Laura nos recuerda con fervor algunas pautas para dormir mejor y, por tanto, comer mejor al día siguiente.

A la consabida práctica de ejercicio físico y de las rutinas de higiene del sueño (en las que se evita la luz azul y se fomentan las actividades relajantes antes de dormir como la lectura o escuchar música), esta nutricionista suma otras de las que hablamos menos, pero son igual de necesarias:

- Una correcta exposición solar y contacto con la naturaleza, de al menos treinta minutos al día.
- Evitar realizar ejercicio dos o tres horas antes de dormir. Y si se realiza alguno de fuerza o alta intensidad, mejor practicarlo sobre las seis de la tarde. Y, aunque se haya dormido mal el día anterior, es aconsejable buscar un rato para hacer deporte.
- Fomentar el contacto social: hablar con una amiga o realizar una actividad colectiva, por ejemplo.
- Evitar comer en las dos o tres horas previas a acostarse.
- Ingerir a lo largo del día una adecuada cantidad de agua, alimentos frescos y ricos en fibra, así como probióticos para mejorar la microbiota intestinal.
- No tomar café después de las cuatro o cinco de la tarde.

Todas estas reflexiones deberían hacernos cambiar de mentalidad a la hora de cuidar más nuestra alimentación y a que nos la planteemos desde un punto de vista más holístico y consciente, que nos lleve a entender la comida como una herramienta para sentirnos mejor y tener energía, y no ligada a la obsesión por el peso ideal. Si lo piensas, la mayoría de las veces que nos proponemos cuidar la alimentación, el deseo principal suele estar más vinculado a una pérdida de kilos que a lo que de verdad importa: comer de forma saludable para cuidar nuestra salud general.

## Cambiar los malos hábitos

Siempre nos viene bien que la reflexión vaya unida a una o varias recomendaciones realistas que podamos ejecutar en la práctica diaria. Por eso he realizado este resumen de mis conversaciones con Cristina Barrous, Itziar Digón y Laura Parada para que intentemos empezar a cambiar de hábitos en lo que a alimentación se refiere:

### 1. Evitar los picos de glucosa

Es uno de los hypes en materia de información de nutrición —hasta existe una Diosa de la Glucosa, la bioquímica francesa Jessie Inchauspé—, pero más allá del fenómeno que nos lleva a hablar de ello todo el rato, Barrous me confirma que «todo lo que sube baja». Y que eso significa que un pico de glucosa ocasionado por exceso de azúcares o hidratos de carbono conlleva una bajada que afecta directamente a nuestros niveles de cansancio.

¿La clave para mantenerlos a raya? Por ejemplo, desayunos completos con una buena proteína (pavo, huevos, jamón), pan integral para que el pico glucémico no sea tan alto, algo de hoja verde y un poco de grasa saludable como aceite de oliva, frutos secos o tahini. No es necesario tomar mucha fruta en el desayuno, con una pieza o incluso media es suficiente, según esta experta.

Esta recomendación me recuerda todos los zumos de naranja naturales que tomaba de pequeña en sustitución de la fruta cada mañana —igual que la mayoría de mis coetáneos, pues entonces se consideraba supersaludable—. Pues resulta que no eran tan buena idea como creíamos. Ahora se insiste mucho en la necesidad de tomar la fruta entera y no en zumo, ya que al licuarla se pierde la fibra presente en la pulpa y solo nos quedamos con el azúcar de la fruta, la fructosa. Es cierto que algo es mejor que nada, pero después de oír a tantos nutricionistas y médicos repetirlo, creo que ya hemos aprendido la lección.

## 2. Procurar no hacer muchas ingestas a lo largo del día

Durante un tiempo nos creímos también que debíamos comer al menos cinco veces al día, pero Cristina es partidaria de reducir el número de comidas a tres por una razón sencilla y obvia en la que no habíamos reparado y que me explica de la manera más fácil posible.

Nuestro cuerpo tiene un sistema motor migratorio. Este es el encargado de hacer una limpieza dentro del cuerpo, así como de generar y recopilar nutrientes y energía. Si estamos comiendo todo el día, ese sistema no se activa, de forma que el aparato digestivo va a estar trabajando sin descanso y nuestro cuerpo no va a poder parar para recopilar energía.

## 3. Reconocer que la excusa del tiempo está manida

Como me dijo en cierta ocasión una nutricionista, si empleásemos una pequeña parte del tiempo que invertimos cada día en redes sociales en organizar las comidas, nos alimentaríamos mucho mejor. Qué razón tenía: caemos en el chute rápido de dopamina en lugar de planificar una parte esencial de nuestro bienestar. Y nos quejamos de lo cansadas que estamos mientras nos zambullimos entre estímulos varios en forma de notificaciones, fotos ideales (y a veces irreales) y *reels* que nos cansan mucho más que ir a la compra.

Como dice Cristina, «cuando me ponen la excusa del tiempo, siempre digo que ya no me la trago. Es muy tentador comerse una palmera de chocolate en lugar de cocinar, pero si invertimos en conocimientos y herramientas como el *batch cooking,* podemos cambiar poco a poco. Sabemos que nuestro estilo de vida nos está matando, pero nos cuesta cambiar. Y eso es ser kamikaze», concluye.

## 4. Priorizar el consumo de proteínas

Si lees habitualmente artículos o contenidos de nutrición, habrás comprobado que este es otro de los grandes hypes del momento: consumimos menos proteínas de las que necesitamos, en parte por esa restricción que subyace en la alimentación de las mujeres a la que ya se ha referido Itziar.

Si tenemos en cuenta que necesitamos 1,2 gramos de proteína por cada kilo que pesamos al día —aunque puede variar en función de las necesidades de cada mujer y su actividad física—, parece más que necesario apostar por proteínas naturales de buena calidad (carne de pollo y pavo, pescado, huevos, semillas, queso...).

Itziar no descarta la posibilidad de complementar con preparados proteicos cuando sea necesario (prescripción experta mediante). Pero como en todo, la virtud está en el punto medio, y es importante que esta carencia generalizada no nos lleve al otro extremo y nos excedamos con el consumo de proteínas, algo que, por cierto, ya está pasando en algunos países como Estados Unidos.

## 5. Intentar planificar menús y hacer la compra con antelación

Como explica Laura, la previsión nos ahorrará tiempo, por mucho que creamos que dedicar un rato del fin de semana a hacer una buena compra para organizar los menús y otro rato para preparar algunos de esos alimentos para tenerlos a mano no es posible (otra vez, la excusa de la falta de tiempo). Para sumar bondades a la planificación de menús, deberíamos asumir que también nos quitará una carga mental y será un peso menos para nuestra agitada cabeza. Y, sobre todo, evitaremos una escena muy típica entre las mujeres cansadas (y el resto de los mortales): la de salir del trabajo corriendo, sabiendo que no hay nada en casa para cenar, con hambre, prisa y cansancio, lo que nos lleva —ya te sabes el desenlace— a comprar algo fácil de preparar que generalmente no suele ser la opción más saludable. Realizar este trabajo por adelantado no es tan costoso porque no es necesario pensar menús completos, ni tenerlos ya preparados, pero sí disponer de alimentos que sean fáciles de ensamblar para construir una comida nutritiva y elaborada (puedes consultar la lista del capítulo 10).

## 6. Aprender a comprar buenos procesados

Ya hemos recibido la bendición de Laura, como nutricionista, para combinar alimentos frescos con ciertos procesados. No pasa nada por incluir estos envasados en nuestras comidas siempre y cuando los elijamos bien y estén lo menos procesados posible (esto suena paradójico, pero no lo es). Se trata, tal y como explica la nutricionista, de que el número de ingredientes sea reducido y de productos naturales. Solo tenemos que comprobar en el etiquetado que todos los nombres nos suenen. Comprar como comprarían nuestros abuelos si lo leyeran ellos.

Respecto a las conservas y alimentos enlatados, los nutricionistas confirman que también pueden ser una opción que hay que tener en cuenta para facilitarnos los menús, siempre y cuando elijamos productos de buena calidad, naturales y sin aditivos. Lo mejor es escoger las que solo contengan el ingrediente principal, agua o aceite y algo de sal. Así que tener a mano latas de berberechos, sardinas y atún, además de frascos de judías, lentejas o garbanzos ya cocidos, puede ser también una alternativa para preparar platos saludables en pocos minutos.

Lo esencial es que la falta de tiempo y el cansancio no sean nuestra excusa para no comer bien.

# 18

# A vueltas con el ejercicio

Afortunadamente, en esta vida rápida que vivimos un poco queriendo y un mucho sin querer, parece que hemos interiorizado bastante bien todas las bondades que tiene hacer ejercicio físico. Para mí, una de las pruebas cotidianas más evidentes de este hecho es ir al gimnasio un viernes por la tarde y verlo lleno. O intentar reservar una clase de pilates —aplicación mediante, como casi todo en esta vida— y tener que ponerme una alarma en el móvil para no pasarme ni un minuto de la hora a partir de la cual se puede hacer la reserva. Conseguir plaza puede llegar a ser una proeza (no siempre lo consigo, siempre hay treinta personas más rápidas que yo). Diría que hace años esto no ocurría.

Este nivel de consciencia de lo necesario que es para la salud el deporte, así como la sensación de bienestar que provoca —sobre todo al terminar cuando eres una persona perezosa como yo—, nos lleva otra vez a tener otra presión sobrevolando sobre nosotras. Lo que deberíamos hacer más bien por disfrute termina siendo casi una obligación más que hay que marcar en verde en la casilla de cuidar nuestra salud.

Según un informe global de 2024 sobre bienestar realizado por la marca deportiva Lululemon, aunque estamos más concienciados que nunca sobre la importancia del bienestar, la presión por «mantener el ritmo» está ocasionando que casi la mitad de los encuestados experimenten «agotamiento por el bienestar».

## Una tarea más de la lista

Hace unos días tuve una conversación sobre esto con una amiga que está en pleno apogeo de la crianza, con tres niños pequeños, una empresa propia y un marido preparándose una oposición. Ella asume tanta carga con positividad y una perspectiva realista: «Ahora mismo hay proyectos que sé que no puedo llevar a cabo», me contaba. Pero se lamentaba un poco de esa sensación de no estar al cien por cien ni en casa ni en el trabajo y, además, de tener que hacer *check* en la tarea de ir al gimnasio. Entre tantos quehaceres, sacar tiempo para hacer ejercicio no le resultaba fácil, y en lugar de ser una actividad placentera, acababa siendo otra obligación más que tenía que cumplir porque sabe que es bueno para ella.

Mi relación con el deporte es más o menos parecida. Soy consciente de que es bueno para mi salud, la de ahora y la de dentro de diez años (la longevidad es otro gran hype). Lo necesito para tonificar el cuerpo (el fin estético de la práctica deportiva tampoco se puede obviar) y me gusta la sensación que tengo al terminar las clases, tanto de bienestar como de tarea realizada. Pese a mis esfuerzos, todavía no soy de las que disfrutan plenamente de la práctica, la verdad es que preferiría quedarme en casa viendo una serie y tener los mismos beneficios que yendo a una clase de pilates. Pero disfruto de la sensación de recompensa y trabajo bien hecho después.

A pesar de esta retahíla de cosas buenas, lo he convertido en una especie de tarea más que, si no hago por el motivo que sea, acaba molestándome mentalmente. Hay días en los que me gustaría dormir algo más en lugar de levantarme para seguir una clase de *barre* en el salón de mi casa antes de empezar el frenesí del día. Pero he interiorizado tanto la necesidad de la práctica deportiva que en ocasiones es una carga más. Y es un error, pero ocurre.

En ese bucle de autoexigencia, deseo de perfección y de cumplir con todos los *checks* y recomendaciones sociales, ir al gimnasio puede convertirse en otra carga más. Pero después de muchas entrevistas, artículos escritos al respecto y un peregrinaje propio hasta dar con el tipo de disciplina que me motiva —he dejado de poner el corazón a mil en una clase de *body attack* para entregarme a las bondades del pilates y del *barre* porque el HIIT (High Intensity Interval Training) no es para mí, y no pasa nada—, creo que la clave está en buscar la manera fácil de integrar el deporte en nuestra rutina. Sea de la manera que sea. Cuando se pueda, como se pueda.

## A menos músculo, más cansancio

Los días en los que me cuesta más intento recordar la conversación que mantuve con Lourdes Villalobos, reumatóloga del hospital Ramón y Cajal de Madrid, a la que conocí en uno de los clubs de la menopausia de mi querida Marta Masi (por cierto, muy recomendables). Esta doctora me recordaba lo peligrosa que puede ser la vida sedentaria y lo necesario que es el ejercicio físico, salvo en casos específicos en los que exista alguna patología y tengamos que adaptarlo.

Y me dijo una frase de esas que desde entonces me recuerdo a mí misma (a veces hasta en voz alta) cuando la pereza y el cansancio se quieren apoderar de mí y preferiría quedarme en casa que intentar reservar una clase de yoga o pilates. «Cuanto menos nos movemos, menos músculo y más cansados estamos. De hecho, tras un año de vida sedentaria podemos perder alrededor de un veinte por ciento de fuerza», aseguró sin rodeos.

Sin duda, es un dato lo suficientemente rotundo como para descartar de forma habitual la idea de moverse. Además, teniendo en cuenta que el ejercicio constante va a generar más energía, más vitalidad y mejor salud mental, parece evidente que remolonear para ponerse las mallas no debería ser la norma, sino la excepción. Claramente creo que debería serigrafiar una camiseta con esta conclusión: «A menos músculo, más cansancio».

Al final, es (otra vez) la pescadilla que se muerde la cola: no hacemos ejercicio porque estamos cansadas, estamos cansadas porque no hacemos ejercicio. Pero como dice la doctora, el cuerpo necesita, de manera fisiológica, practicar deporte. Es naturaleza pura. Estamos hechos para movernos, no para estar diez horas frente al ordenador. Pero el frenesí moderno nos lleva por otros derroteros y terminamos practicando el sedentarismo y acentuando el cansancio. Todo va de la mano. Acabamos anteponiendo otras tareas al movimiento y terminamos más cansadas aún.

Villalobos me confirma que, por la experiencia en su consulta, la fatiga entre las mujeres es generalizada. Y precisamente la falta de ejercicio influye. Existe más astenia entre las mujeres, y la doctora no duda en afirmar que uno de los factores que afectan a este agotamiento es el ritmo de vida actual, sí, pero también el sedentarismo. El estrés provocado por el ritmo frenético de trabajo, casa, vida social, junto con la carga mental siempre presente, genera astenia. Cansancio. Agotamiento. Extenuación.

Otra constatación importante que debería también sumar puntos a la hora de convencernos de sacar un rato al día para movernos: el uso del móvil, ese del que ya es casi imposible separarnos, también cansa. ¿Los motivos? Además de la hiperestimulación cerebral, que también agota, puede producir patologías en la zona cervical y en las manos porque, entre otras cosas, requiere posturas encorvadas, que sabemos que generan un peor estado anímico. Así que el círculo se hace cada vez más vicioso.

## Práctica deportiva fácil y flexible

Repasada la teoría, lo fundamental es que intentemos buscar maneras de llevarla a la práctica. Este es el gran hándicap de las mujeres cansadas, que en nuestro bullicio de cosas por hacer vemos casi imposible la misión de habilitar un hueco al movimiento físico.

Por eso me encanta la teoría de otra doctora, la traumatóloga María Vitoria Sola. María trabaja en un hospital, tiene su propia consulta, es madre, creadora de contenido en redes, y también es capaz de sacar un hueco cada día para hacer ejercicio, aunque la descripción anterior pudiera indicar que no tiene tiempo para practicar deporte. La clave para ella radica en la consabida planificación, pero, sobre todo, en la flexibilidad a la hora de completar ese tetris de tareas.

Durante nuestra conversación insiste mucho en que debemos ser flexibles a la hora de planificar y no fustigarnos si un día dejamos algo sin hacer. Habla de planificar desde la humildad, desde nuestra realidad individual. Sin sentimiento de culpa. María lo dice con conocimiento de causa porque a lo largo de estos últimos años ha mirado mucho dentro de ella, se ha conocido y ha aprendido cuáles son sus virtudes y sus defectos.

«Soy una persona más de mañanas que de tardes, con lo que madrugo para entrenar y paso las primeras horas del día con mis hijas. Las noches son de mi marido. Practicamos la cocrianza, aunque haya momentos en los que uno tira más que el otro. Respeto mis horas de sueño. Si un día me acuesto más tarde, paso el entrenamiento al mediodía. Y si no puedo hacerlo fuera, lo adapto para entrenar en casa, así consigo también que las niñas crezcan conociendo los beneficios de la actividad física. El descanso nocturno es fundamental. Y por supuesto, intento no sentirme culpable si una semana no consigo llevar a cabo lo planificado», explica María, que insiste en que ha conseguido que el ejercicio la ayude a hacer frente al día a día.

Basta con seguirla en redes para comprobarlo: es de las que madruga para salir a correr o hacer ejercicios con bandas elásticas en el salón de su casa, pero teniendo presente esa flexibilidad en la que no se quita horas de sueño para hacer ejercicio.

## Vencer la pereza

Es muy normal que nos dé pereza levantarnos un poco antes de la cama para hacer ejercicio, o renunciar después de trabajar a un rato de paz mental y física en el sofá para ir a un gimnasio (masificado a esas horas, por cierto). Como explicó la psicóloga Silvia Congost durante una presentación de prensa en la que la conocí, nuestro cerebro tiene tres funciones básicas: mantenernos con vida ahorrando energía, evitar el sufrimiento y obtener placer. Y eso explica que nos cueste acometer ciertos cambios y que, con ese objetivo de ahorrar esfuerzos y ser felices, tengamos siempre la tentación de quedarnos quietas.

La buena noticia es que podemos reeducar al cerebro y reeducarnos a nosotras mismas. Es bueno, por ejemplo, focalizarse en la sensación tan agradable que vamos a tener justo después de terminar una clase —seamos sinceras, no todo el mundo disfruta el antes y el durante de la práctica deportiva—. La tendremos debido a los deberes hechos, pero, sobre todo, porque (aunque pueda parecer una paradoja) nos vamos a sentir menos cansadas que si decidimos entregarnos a las bondades del sillón *ball* (que diría mi madre).

Como me explica María entusiasmada (cree en su discurso y logra que te lo creas precisamente por esa pasión con la que lo transmite), la liberación hormonal de dopamina, serotonina, norepinefrina y endorfinas nos genera bienestar, calma; ayuda a lidiar con el estrés; mejora la calidad de sueño. Y terminar un entrenamiento con la sensación de haber logrado el objetivo —no hablamos de haber hecho un récord de sentadillas o de subir la pierna hasta la coronilla en la clase de yoga, sino de vencer la pereza e ir a la sesión— genera una satisfacción y euforia que, como ella misma define, «ayuda a mejorar la autoestima y encarar los problemas del día a día con mayor sensación de poder».

Para evitar tentaciones de quedarme en casa con la excusa de que tengo mucho trabajo o que estoy cansada, antes de hacer ejercicio intento rememorar muy fuerte esa sensación de superación mezclada con gusto que me invade cuando acabo una clase. Puede que no termine de disfrutarla y que siga mirando el reloj de la sala para comprobar cuánto me queda, pero lo bien que me siento al terminar ya compensa bastante el esfuerzo. No negaré que me encantaría entrar en estado de *flow* durante una clase de yoga o pilates y estar tan motivada que el tiempo vuele y no me acuerde de mirar el reloj, pero mientras eso sucede, visualizo lo bien que me siento al acabar. Y la cosa cambia. Literalmente.

## No solo entrenar en el gimnasio

Aunque pueda parecer una explicación manida, como persona que no ha tenido una relación idílica con el deporte hasta los cuarenta —en el colegio sufría cada vez que tenía que hacer la voltereta para atrás y durante mi juventud tuve demasiados intentos fallidos de apuntarme al gimnasio—, creo que la clave está en encontrar una disciplina que te convenza. Y en acabar integrando el movimiento en tu rutina. Sea de la forma que sea. Sin restar horas de sueño, pero sin detenerse.

Como dice María, debemos escuchar a nuestro cuerpo y no pararnos. El ejercicio se puede adaptar y hay muchas opciones: si habitualmente corres o haces bici, y algún día te da pereza poner tus pulsaciones por las nubes, puedes cambiar la sesión de *running* por un paseo a buen ritmo. Y si otro día no estás por la labor de levantar peso, o ir a una clase de *body pump* o boxeo, haz una rutina de veinte minutos más sencilla, adaptada a lo que te pida el cuerpo.

Este mensaje amable que defiende María es una especie de mantra que suelo escuchar a todos y cada uno de los monitores de mi gimnasio. Siempre proponen adaptaciones de los ejercicios para elegir en función de condiciones, necesidades y gustos, e insisten en que chequees cómo te sientes ese día y actúes en consecuencia. No se trata de morir en una clase de *spinning* llevando al corazón al extremo, ni salir de la clase de yoga más contracturada de lo que entraste porque has intentado estirar la pierna casi tanto como tu profesora.

La entrenadora Sandra Lordén Álvarez, otra de mis fuentes favoritas para hablar de ejercicio físico y nutrición deportiva, refrenda también la importancia de encontrar una actividad que nos guste, sobre todo para vencer la pereza. «El movimiento es salud, nunca me cansaré de decirlo. Y aunque muchas veces haga falta hacer un pequeño sacrificio y esfuerzo de entrada, cuando acostumbramos al cuerpo al ejercicio, el cuerpo segrega una serie de sustancias que son un chute de energía, positividad y buen humor», dice.

Para la que no se sienta atraída por el entrenamiento convencional (lo entiendo perfectamente, creo que yo soy de esas), Sandra invita a explorar otras formas de actividad física más placenteras. Estas pueden ser bailar, practicar yoga o participar en actividades en la naturaleza, como senderismo, bici de montaña, *trekking*... La clave es encontrar una que resulte divertida, con la que se genere la adhesión suficiente para ser constante y que no suponga un suplicio realizarla. Así se asegurará la continuidad.

En mi caso, después de hacer demasiados intentos fallidos por salir a correr o ser capaz de hacer todos los cambios de peso y herramientas que requiere una clase de *body pump* (el profesor siempre era más rápido y cuando yo conseguía poner el disco correcto en la barra ya había cambiado de ejercicio), he decidido ser fiel a las clases de cuerpo-mente del gimnasio porque son las únicas que me provocan cierto grado de motivación y disfrute para superar la pereza. Al final, se trata de que el ejercicio sea una actividad agradable y no una obligación.

## ¿Vale solo caminar?

En este debate sobre si caminar puede valer como única herramienta para estar en forma, mi querida Sandra tiene algo que decir. Esta entrenadora confirma que salir a andar es una excelente alternativa, especialmente en momentos en los que no tenemos energía para realizar un entrenamiento más intenso o simplemente necesitamos despejar la mente y movernos (¿cuántas veces al salir del trabajo has cambiado el metro o el autobús por un paseo a buen ritmo que oxigene y libere tensiones?). Además, es accesible para casi todo el mundo y contribuye a mejorar el estado de ánimo y la salud cardiovascular.

Una vez reconocidas todas las bondades de una buena caminata, llega el apunte (muy necesario por otra parte): «El entrenamiento de fuerza debería ser innegociable. Tanto por estética como por salud. Caminar no produce las mismas respuestas en el cuerpo que el entrenamiento de fuerza. Puede ser una buena opción para complementar ese entrenamiento. O como alternativa para esos días en los que nos sentimos muy agotadas y sin fuerzas para hacer un entrenamiento más intenso. Pero no sustituiría totalmente al de fuerza», dice Sandra rotunda.

Está claro que algo es mejor que nada, pero salir a caminar con amigas y quedar luego a desayunar es un plan maravilloso, necesario y bueno para el cuerpo y el cerebro.

A mí me encanta hacerlo de vez en cuando, sobre todo los domingos, me parece una de las mejores maneras que existen para empezar el día sin pereza. Pero si nos ceñimos al terreno puramente físico (porque a nivel emocional es perfecto, eso nadie lo duda), no es suficiente, sobre todo a partir de los cuarenta, cuando el ejercicio de fuerza —no paran de decirlo los expertos— es muy necesario. Pero, por favor, sin quitarnos horas de sueño y sin obsesionarse.

## Dormir menos no es una opción

Puede sonar tópico, pero es una cuestión de prioridades: dormir poco por encontrar el hueco para hacer ejercicio no debería ser una alternativa, ni siquiera para las mujeres cansadas que nos quejamos de que le faltan horas al día.

Sandra lo sabe por experiencia propia con sus clientas: al igual que se puede pecar de pereza, también se puede caer en la obsesión por el deporte, sacrificando horas de sueño y de vida social para cumplir con las rutinas de entrenamiento. Por eso, escuchar a nuestro cuerpo es crucial; debemos saber cuándo es el momento de descansar y permitirnos pausas sin caer en un ciclo de sedentarismo.

Como en todo, el equilibrio es la clave para mantener un estilo de vida saludable y sostenible. Al final, los objetivos que se consiguen son los realistas y los que se pueden mantener en el tiempo. De nada sirve que nos pongamos como meta entrenar seis días a la semana si no tenemos el contexto y el tiempo para ello. Probablemente, si rebajamos nuestras expectativas, será menos difícil que abandonemos. Si el listón está demasiado alto, es casi probable que nos rindamos a la primera de cambio.

Para ello es importante establecer unas metas claras y ser honestas con nosotras mismas en cuanto al tiempo y circunstancias que tenemos. Se trata de realizar un plan adaptado a nuestras necesidades e intentar disfrutar del proceso. Y grabarse a fuego esta frase de Sandra: «Es fundamental reconocer la importancia del movimiento para evitar la fatiga crónica».

Aun siendo consciente de nuestro escenario y habiéndolo adaptado a nuestras circunstancias, es probable que a veces nos cueste y que recurramos al clásico «No me da la vida» para abandonar, aunque solo sea una vez. Pero para esos casos me quedo con otra frase, en este caso de María: «Al principio hay que tirar de disciplina, la motivación viene después. Intenta encontrar pequeños refuerzos positivos para que no te cueste tanto: cómprate un conjunto de deporte bonito, queda con una amiga, elige una actividad que te entretenga…, pero, sobre todo, vístete, ponte las zapatillas de deporte y muévete. No te exijas todo al principio y sé realista con tus objetivos. El ejercicio físico, sobre todo el entrenamiento de fuerza, es fundamental para nuestro bienestar físico y emocional, y está cobrando aún más importancia en las mujeres debido a nuestra biología, herencia social y forma de vivir el día a día. Créetelo». No hay más preguntas, señoría.

# 19

# Que las exigencias estéticas no nos cansen

Pertenezco a esa generación que creció durante el boom de las supermodelos, con Claudia Schiffer a la cabeza; del 90-60-90 como objetivo corporal; de la operación biquini como combo de palabras más repetido a partir del mes de marzo. Crecí escuchando a las mujeres mayores de mi entorno contar que habían probado las dietas disociadas. Mujeres que, por cierto, confiaban ciegamente en los planes de adelgazamiento de clínicas con nombres tan prometedores y visuales como Figurama y en cremas anticelulíticas como Thiomucase. Digamos que, si naciste en los ochenta (y fuiste a EGB), seguro que este relato de la tiranía estética de esas décadas te suena. Si eres mucho más joven, puede que te resulte ajeno y que donde digo Thiomucase pienses más en TikTok o en algunos de los gurús de bienestar con método propio a los que seguimos en Instagram.

El caso es que las exigencias estéticas por alcanzar ciertos ideales de belleza siempre han estado ahí. Y siempre han sido una carga más, sobre todo para las mujeres a las que solían dirigirse la mayoría de estos discursos basados en la idea de terminar alcanzando un determinado canon estético. Afortunadamente estos mensajes han cambiado y son más honestos: ahora insisten en que el verdadero canon de belleza es que no hay canon. Ya no se habla con tanta alegría de dietas sin control, ni todas las campañas publicitarias muestran cuerpos esculturales alejados de la vida real. El concepto de cuidado holístico, ese que cuida el cuerpo a la vez que la mente y las emociones, un 360 grados para alcanzar el bienestar que tanto ansiamos (y del que tanto hablamos), es la nueva operación biquini afortunadamente.

Empezamos a desterrar términos como *antiaging* y el mito de la perfección estética como ideal alcanzable. Y abrazamos la naturalidad por encima de todas las cosas (aunque al mismo tiempo la medicina estética se haya popularizado y cada vez nos iniciamos antes en ella). En general, hemos asumido que el pelo se encrespa, que nos salen granos y arrugas, que el vientre plano es bastante imposible y que adelgazar es una cosa seria que no puede lograrse siguiendo la dieta de mi mejor amiga.

Al mismo tiempo presenciamos un boom del *skincare*, del ejercicio físico y de la alimentación sana que puede generar cierta presión en nosotras. Esa de la que nos libramos al dejar de hablar de dietas a la ligera y de ver por sistema a chicas rubias y cuerpos perfectos en los medios de comunicación. Está claro que tenemos más información de absolutamente todo y la tenemos mucho más al alcance que antes, lo que puede ser bueno o tener sus inconvenientes si no se sabe manejar.

Del deporte y la alimentación ya hemos hablado, pero en este peregrinaje hacia una vida algo más descansada, es justo y necesario abordar también el cuidado de la piel. Porque en la era en la que las niñas de doce años, abducidas por TikTok, tienen rutinas de *skincare* más largas que las de sus madres, es relativamente fácil que lo que debería ser algo bueno (cuidarse la piel lo es) se convierta en otra losa para las mujeres. Una losa que nos obsesione y nos canse a partes iguales.

## Simplificar el cuidado facial

Está claro que cuidar la piel —el órgano más extenso de nuestro cuerpo, por cierto— es bueno. Y más si se consigue que ese ratito al final del día en el que habría que limpiar la piel, hidratarla y, en el mejor de los casos, masajearla se convierta en un momentito de autocuidado. Y no en un puro trámite en el que extiendes la crema al tuntún sin mayor intención que meterte en la cama.

Si consigues que encerrarte en el baño para llevar a cabo esas rutinas (sin interrupciones familiares, por favor) sea tu momento para ti, vamos por el buen camino. El problema es que nosotras, las mujeres cansadas, llegamos tan agotadas y derrapando al final del día que darnos la crema de turno se convierte en una de nuestras últimas prioridades. Al final, el *skincare* (como diría mi hija y todas sus amigas, ese es otro melón delicado) acaba siendo otra tarea más en nuestra eterna lista de cosas, una obligación más que tachar de esa lista.

No negaré que, en mi caso, sobre todo cuando me he empeñado en hacer rutinas largas o en usar demasiados productos, a veces ha sido una obligación más que un momento de cierto disfrute. Sin embargo, desde que he asumido algo que repiten mucho los dermatólogos —la rutina más efectiva es la que se cumple—, he decidido simplificar y hacerlo fácil. No tengo por qué usar todos los productos de los que hablo en mis artículos —se acabó coleccionar cremas en el cuarto de baño— ni entregarme a las rutinas coreanas con muchos pasos (por cierto, eso es un poco mito, tampoco usan tantos, sino que los usan bien). Se trata de cumplir con ciertos básicos y, sobre todo, de que cuidarnos no nos canse aún más.

De todo esto he hablado con otra de mis fuentes preferidas a las que recurro con asiduidad y a quien me hacía especial ilusión plantearle mis dudas. Ella es la doctora Natalia Jiménez, dermatóloga del hospital Ramón y Cajal y del grupo Pedro Jaén. Natalia es encantadora y siempre responde a mis preguntas haciéndolo fácil y con una maravillosa sonrisa. Y en este tema que nos ocupa, lo hace desde la experiencia de ser otra mujer cansada plenamente consciente de lo que puede costar a veces ponerse la crema hidratante.

«Con total sinceridad puedo decir que sí: no todos los días de la semana, pero sí muchos de ellos, tengo la sensación de cansancio absoluto. Mi cabeza se reparte en dos focos principales: mi trabajo como médico y ser madre de tres niños pequeños. En ocasiones es complicado mantener todo bajo control, surgen imprevistos y siento que tengo que ir apagando fuegos. Con los años soy consciente de que gran parte de la carga mental que siento tiene que ver con la sensación de culpa por no organizar mejor el tiempo y no llegar a todo lo que me gustaría. Así que el manejo que trato de hacer con la situación de cansancio y falta de control es asumir y ser consciente de que no puedo llegar a todo: no puedo ir al gimnasio todo lo que me gustaría, participar en todas las reuniones médicas que quiero, ni alimentarme siempre de la forma más saludable todos los días. Y trato de ser consciente y valorar todas las cosas que sí hago en mi día a día», me explica Natalia desde la experiencia y con la racionalidad justa y necesaria que necesitamos las mujeres. Asumir que no todo puede ser perfecto ni como nos gustaría aporta mucha paz mental (y descanso).

## Sin energía para desmaquillarte por la noche

Hemos crecido oyendo a nuestras madres que la limpieza de la piel antes de acostarse es sagrada. Y que irse a la cama con maquillaje te hace envejecer aceleradamente, la mía al menos lo decía. Sin embargo, la realidad es que, cuando llevas en pie desde las seis de la mañana (eso con suerte, si no te has levantado antes), cumplir con ese básico de cuidado de la piel se puede hacer bola. Y ya ni hablamos de convertir los cinco minutos de rutina en un momento de autocuidado. La verdad es que con los niveles de energía bajo mínimos cuesta plantearse los beneficios de un buen desmaquillado.

¿Qué recomienda una dermatóloga en estos casos en los que la inercia y el cansancio nos pueden hacer tirar por la tangente? «Como digo a mis pacientes, soy dermatóloga, pero también soy humana. Esa sensación de que llegue la noche y no tener energía para nada la conozco bien», me adelanta Natalia. Para ella, el cuidado dermatológico supone una parte importante del autocuidado y precisamente por eso cree que tener una rutina cosmética establecida nos ayuda a conseguir una piel con un aspecto saludable.

Esa es la teoría, pero la realidad es que ella, como nosotras, se enfrenta muchas noches a que no tiene ganas de seguir la rutina completa. Y cuando eso ocurre, tira de recursos expertos y minimiza el proceso a dos pasos innegociables:

la limpieza y una crema de tratamiento, habitualmente con retinol. Al final, no se necesitan más de tres minutos y no renunciamos a un cuidado básico y necesario.

## La escalera cosmética

En su consulta, Natalia lo ve a diario, y es algo en lo que me insiste siempre: cuantos más pasos y cremas tengan las rutinas que prescriben a sus pacientes, menos cumplimiento hay por su parte debido a la falta de tiempo y a la pereza. Precisamente por eso intentan ponerlo fácil, para que haya constancia y se vean resultados. Además, usar demasiados activos puede ser contraproducente para la piel, sobrecargándola en exceso y con el consiguiente riesgo de reacción o alergia, sobre todo cuando se eligen los activos sin conocimiento.

Fue Natalia quien hace varios años, cuando la conocí durante una presentación de prensa, me descubrió el término *escalera cosmética*, una concepción reduccionista del cuidado facial con los pasos imprescindibles a los que no deberíamos renunciar. Y doy fe, queridas mujeres cansadas, de que es asequible y fácil de cumplir. Y que cuando se consigue cambiar el chip y focalizarse en esos tres minutos que puede durar la limpieza de la piel y la aplicación de cremas, la experiencia mejora notablemente y nuestros niveles de energía, un poquito también. Y para no ahuyentar ni asustar a las mujeres que casi ni se aplican crema hidratante, diré que es algo tan sencillo como limpiar la piel y protegerla (en un nivel muy básico) y añadir algún activo en forma de sérum por la mañana y por la noche (nivel pro).

Esa escalera cosmética en forma de rutina minimalista

tiene un objetivo clave: ser lo suficientemente sencilla para mantenerse en el tiempo, pero efectiva para ver resultados. Como me dijo en cierta ocasión la directora científica de una famosa marca de cuidado de la piel, «el mejor cosmético es el que se usa».

Por tanto, de nada vale invertir en cremas caras si no se van a utilizar. Es mejor el despacito y con buena letra: aplicarnos solo un sérum y una crema, pero hacerlo. Y a diario, con constancia. No pasa nada si un día estamos tan extremadamente cansadas que olvidamos el paso del sérum y nos lavamos la piel (y dando gracias), pero debería ser más la excepción que la regla.

Por eso, Natalia es fiel de la limpieza de la piel mañana y noche, del uso matutino de un antioxidante tópico como, por ejemplo, la vitamina C junto con un protector solar. Y por la noche, además de la consabida limpieza, un cosmético con algún ingrediente *transformador* de la piel, como retinol, AHA (alfahidroxiácidos), BHA (betahidroxiácidos) y similares. Digamos que esos son los escalones de esa escalera, valga la redundancia, que no deberíamos saltarnos.

Es bastante asequible y asumible: reducir el armario cosmético a esos pasos pone el escenario bastante fácil, y lo mejor de todo es que funciona. Y lo digo después de haber probado casi de todo y haberme empeñado en emular alguna de las larguísimas rutinas asiáticas que se pusieron de moda. Al final, siempre me ha funcionado mejor reducir los pasos y el número de cosméticos —tener a la vista pocos también facilita bastante el proceso a nivel mental—, y he acabado cumpliendo religiosamente con ello.

## No te agobies

Mi decisión de incorporar este capítulo sobre el cuidado de la piel en un libro que tiene un carácter eminentemente emocional y psicológico es precisamente porque creo que los cuidados físicos están muy vinculados con la mente y nuestro bienestar. Y como todo, la virtud está en el punto medio.

Me alegra que haya estudios que confirmen que utilizamos el cuidado de la piel como herramienta para sentirnos mejor. Uno de ellos, por ejemplo, el elaborado por Stanpa, Asociación Nacional de Perfumería y Cosmética, sobre la cultura del bienestar en 2025, confirma que el 58 por ciento de las mujeres entrevistadas coincide en que es positivo (y nada banal) recurrir a productos que ayudan a reforzar nuestra autoconfianza e identidad personal. Y que usar maquillaje o productos de cuidado facial tiene no solo un fin estético (sentirse más guapa), sino también sentirse mejor con una misma.

Pero también es cierto que en un momento en el que las personas hablan e incluso recomiendan, vía Instagram o TikTok, activos como el retinol como si fuera agua, y en el que se puede dedicar una tarde entera a ver productos de belleza en Sephora porque la oferta es inabarcable para la mayoría de los mortales, es relativamente fácil que nos sintamos abrumadas. Y que recibamos cierta (o mucha) presión por cuidarnos, sumando otra cosita más a nuestra abultada lista de tareas.

Como dice Natalia (que en su consulta de dermatología experimenta cada día cómo ese boom por el cuidado de la piel tiene sus pros y sus contras), el tener información es algo positivo, pero en estos momentos puede llegar a ser abrumador y el que haya tanta información sobre nuevos ingredientes también puede confundir, despistar, saturar, y hacer que no estemos ciudadano la piel correctamente por ese afán de no perdernos ningún ingrediente revolucionario.

Digamos que el FOMO, del que ya hemos hablado, también ha llegado al terreno cosmético. Y si se quiere experimentar con todo por miedo a perderse la novedad de turno, pueden pasar varias cosas, pero principalmente podemos caer en la insatisfacción, en la compra compulsiva de cualquier cosmético que se lanza al mercado y en obtener malos resultados si ese FOMO nos ha llevado a elegir mal o a comprar en exceso y saturar la piel con cosas que no necesita.

Por eso, Natalia intenta ser clara en sus consultas, algo que es de agradecer cuando vivimos una sobredosis de información, en ocasiones con *claims* excesivamente prometedores: «Cuando valoro a un paciente, trato de poner sentido común, explicando que no todos los ingredientes y cosméticos son para todo el mundo. Y también destaco que la cosmética llega hasta donde llega: ciertas mejoras requerirán tratamientos médicos o incluso quirúrgicos», dice.

Las arrugas, por mucho que nos lo hayan hecho creer, no desaparecen con una crema en cuestión de semanas, de la misma manera que si lo llevamos al terreno del cuerpo, la celulitis tampoco se puede borrar. Como diría mi querida Anabel Vázquez en alguno de sus manifiestos para su tienda de cosmética Laconicum, «la celulitis no se quita. No conocemos a nadie que no tenga. La celulitis es un fenómeno democrático. Sí podemos prevenirla, aligerar la zona y lograr que se note menos. Podemos desanimarla. Algo es algo. Eso es mucho».

Está claro que, si nos ceñimos al plano puramente físico, la prescripción del experto gana la partida. Pero también cada una tenemos que poner un poco de nuestra parte y trabajar la interpretación psicológica que hacemos de todo esto. Me quedo con una frase de la psicóloga Pilar Varela, que, durante la presentación del estudio de Stanpa, resumió perfectamente cómo debería ser una relación sana con los cosméticos.

«Cuando me veo bien, me siento bien y me atrevo a hacer cosas: en el trabajo, en las relaciones... El uso de cosméticos tiene que ver con la autoestima (cómo me siento) y la autoimagen (cómo me veo). Es guapo el que se siente guapo».

Y precisamente se trata de eso. Cuidarse sin obsesiones para vernos bien, pero, sobre todo, para sentirnos mejor.

# 20

## La magia (o no) del orden

¡Ay, el orden! En mi casa es uno de los grandes debates, bastante mal repartido, por cierto, en cuanto a número de participantes por bando. Por lo general, suelo ser yo la que se posiciona a su favor con todo el público en contra (hijas y marido), que alegan que soy excesivamente pesada con el tema. Y si el perro hablase, es probable que dijese lo mismo. Puede ser que lleven razón.

Aunque me guste tener todo ordenado —me da paz mental llegar a casa y ver cada cosa en su lugar—, puede que sea (algo) excesiva con el orden. Digamos que me cuesta hacer la vista gorda y asumir que en una casa con tres niñas no siempre es posible tenerlo todo perfecto. En consecuencia, entro en una especie de bucle del que no consigo salir: pongo orden / nadie lo mantiene / me enfado y vuelta empezar. Y claro, a veces convierto los fines de semana en un programa de Netflix de esos en los que una experta en orden va a una casa atiborrada de cosas, las saca todas del armario, las categoriza de maneras varias, prepara decenas de bolsas con objetos para donar y deja los armarios impolutos. Y los miembros de la casa en cuestión se quedan mucho más calmados y felices porque, ya se sabe, «el orden físico también da orden mental».

El problema es que en mi casa ese final feliz no suele ocurrir. Ni yo hago el proceso del orden con tan buena disposición como las *ordenatrices* de los *realities,* ni mi familia se pone tan contenta por haber sacado quince bolsas de basura de sus armarios repletas de cosas que ni siquiera recordaban que tenían. Digamos que el orden no entra en sus prioridades y que para ellos abrir el armario y no ver las camisetas perfectamente colocadas (si es por colores mejor, por favor) no es motivo ninguno de estrés. A mí me ocurre todo lo contrario. Ver la casa ordenada es como una especie de masaje sedante que me provoca calma, todo lo contrario a lo que ocurre cuando llego, veo todo desordenado y mi humor cambia a una velocidad pasmosa. Puedo pasar de ser la persona más feliz del mundo a una histriónica que grita mucho porque tiene que «volver a empezar».

Y el caso es que en esos momentos debería pensar en Marie Kondo, la reina japonesa del orden que, después de escribir libros, protagonizar *realities* varios, generar un negocio en torno a sus particulares métodos de organización y poner en la conversación un tema del que no se hablaba antes, ha claudicado. Y ha reconocido que no es tan fácil mantener el orden en casas con niños.

«Mi casa está desordenada. Hasta ahora, era una limpiadora profesional, así que hice todo lo posible para mantener mi casa ordenada en todo momento. Me he dado por vencida en ese aspecto, en el buen sentido. Ahora lo importante para mí es disfrutar del tiempo con mis hijos en casa», confesaba tras la llegada de su tercer hijo, con el que todas sus teorías al respecto se complicaron.

Pero ni tatuándome esa frase de Marie Kondo: «Mi casa está desordenada», consigo relativizar la importancia del orden.

## Paz mental y motivo de fricción

Todo esto me lleva al punto de partida de este libro: el cansancio. Una vez más, vuelvo a entrar en el bucle: el orden me da paz y me descansa. Pero sé que, si tengo en cuenta todas las teorías de las expertas, me debería hacer la vida más fácil. Y, por tanto, ayudarme a estar menos cansada (sí, a esas alturas de la película se han convertido literalmente en objetivo de vida). Pero como no es fácil mantenerlo en nuestro ritmo frenético, y más con hijas preadolescentes para las que no entra en su lista de prioridades —la verdad es que, en la mía a su edad, tampoco—, el círculo se hace más vicioso. Cuando tengo un rato libre para descansar, miro a mi alrededor y siempre veo tareas por hacer y armarios que ordenar. Así que termino por no descansar. Y claro, el drama doméstico está servido.

Como me dijo la psicóloga Pilar Guerra una de las muchas veces que le pedí ayuda para uno de mis artículos, aunque la limpieza y el orden ayudan a mantener la calma, ya que el desorden representa un asunto inacabado para el cerebro —hay estudios que demuestran que las personas con hogares desordenados tienen niveles más altos de cortisol—, no hace falta tenerlos como prioridad en nuestra escala de valores. Es decir, es importante mantenerlos y conocer que tienen beneficios para nuestra rutina, también por esa paz mental que aportan, pero sin que se conviertan en una obsesión. Y ni mucho menos en un motivo más de fricción en casa porque el resto de los miembros de la unidad familiar (como se dice cuando pides una beca o un volante de empadronamiento) no lo entienden así.

Digamos que en ese sentido hay que llegar a un punto de entendimiento, ese en el que el desorden no se convierta en motivo de batalla campal. Pero en el que tampoco el orden sea una obsesión porque se compara la situación real de una casa vivida en la que ocurren cosas (y se desordenan cosas) con los estándares de perfección que vemos en Instagram.

## Cómo influye en el bienestar

Afortunadamente, si bien el orden no era algo sobre lo que se teorizara antes, ahora hay una legión de *clean influencers* en redes sociales y organizadores profesionales que adoctrinan sobre cómo conseguirlo. Sigo a unos cuantos, leo y releo sus libros para intentar aplicar conclusiones en el día a día, y veo sus programas de Netflix cuando quiero desconectar de todo y la trama de una serie cualquiera me requiere más esfuerzo mental del que puedo hacer a las diez de la noche de un miércoles cualquiera.

De entre todos ellos, me gusta especialmente la historia y la filosofía de Alicia Martínez, Aly Deco Home en redes. Sus trucos siempre me salvan, sobre todo cuando tengo que resolver alguna mancha inesperada o cómo organizar espacios pequeños. Y su manera de contarlo destila siempre ese «hacerlo fácil» que tanto me inspira. Tal y como ella misma me cuenta, su encuentro con el mundo del orden profesional ha sido espontáneo y casual. Trabajaba en banca y en los últimos tres años ha tenido que compaginar su trabajo a tiempo completo con la crianza de su hijo, mientras tenía a su marido trabajando en otra ciudad, y con sus inicios en redes sociales como experta en orden. Primero como un hobby cuando su hijo era un bebé y ahora como trabajo a tiempo completo (tras dieciséis años trabajando en un banco ha solicitado una excedencia para poder conciliar su vida familiar con esta oportunidad en redes). Aunque ella se considera una persona positiva que cree que hacer las cosas con una sonrisa siempre es mejor, también tiene sensación de cansancio extremo, sobre todo en los tres últimos años, que ella misma califica como agotadores.

Así que, con este expediente de vida, me pareció más que pertinente preguntarle por la manera en la que el desorden puede afectar a nuestros niveles de cansancio. Sabía que ella, que experimenta cansancio y practica el orden como forma de vida, me iba a dar una de las respuestas más lógicas y realistas que iba a oír al respecto.

«Un ambiente organizado transmite sensación de control, armonía y calma, lo que puede mejorar nuestro estado emocional y mental. Tener una casa en orden puede influir en nuestro nivel de cansancio tanto física como mentalmente. Un hogar ordenado favorece una mente más despejada y reduce notablemente el estrés. Por el contrario, el desorden puede generar sensación constante de estrés, distracción y sobrecarga, ya que el cerebro ve tareas pendientes y se agota, quitándonos energía, descanso, impidiendo que consigamos estar relajados en nuestro hogar», explica.

## Ordenar la casa sin dramas familiares

Alicia es perfectamente conocedora de la teoría, pero también de la dificultad que puede implicar llevarla a la práctica, sobre todo cuando no vives sola y el orden puede ser motivo de roce porque tus hijos o tu pareja no comulgan tanto con estas teorías. O simplemente ni se las plantean. Yo lo experimento cada día en mi casa, cuando intento adoctrinarlos sobre la importancia de dejar cada cosa en su sitio para que las habitaciones «no sean leoneras» —una de las frases que más repito cuando veo que el mensaje sobre el orden no cala entre mis hijas—.

Por eso insiste Alicia tanto en la importancia de la comunicación con la familia, en explicar lo que es importante para nosotros, desde la calma, sin imponer, explicando cómo nos afecta a cada uno el desorden y cómo un hogar organizado nos beneficia a toda la familia. Y lo dice porque ella también ha experimentado ese proceso de adoctrinamiento sobre el orden en casa, que ha sabido capitanear y sobrellevar sin excesivos dramas con gestos sencillos como, por ejemplo, poner cestos en ambos baños para conseguir que su marido y su hijo llevasen la ropa sucia a la lavadora. Al final, al simplificar y facilitar el hábito, logró que el orden se convirtiera en una rutina diaria sin necesidad de discusiones o recordatorios.

Sin duda, pequeñas soluciones para materializar cambios prácticos. Algo que yo debería tener muy en cuenta a la hora de proceder en mi casa para que el desorden no sea siempre motivo de fricción (y de cansancio mental). No me he parado a contar con exactitud cuántas veces al día me quejo del desorden, pero son muchas, demasiadas. También es cierto que quizá, en lugar de perder la cabeza cada vez que veo la ropa sucia encima de la cama de mis hijas, sería mejor intentar ponerles fácil el hábito de recogerla y llevarla a la lavadora. Y, como me aconseja Alicia, reconocer el esfuerzo cuando hagan tareas de la casa, aunque no sean perfectas, y eso implica, por ejemplo, no ir detrás de ellas a estirar la cama cada vez que se animan a hacerla ni mucho menos deshacerla porque no han colocado las sábanas y la colcha como a mí me gustaría.

En este proceso de cambio para que el orden en casa sea tarea de todos y no solo de una persona —que generalmente solemos ser nosotras—, la experta confía en las bondades de los calendarios con reparto de tareas para que todos sepan qué hacer y cuándo.

«Se trata de involucrar a cada uno en las tareas de orden, asignando pequeñas responsabilidades adaptadas a su edad o tiempo disponible. Las rutinas compartidas con los miembros de la familia, como vaciar la mochila del cole, guardar antes de empezar algo nuevo, recoger los juguetes antes de irse a la cama o hacer otra actividad, es importante intentar que sean accesibles y sencillas», me recuerda. Vamos, el «hazlo bonito, hazlo fácil» que tanto repite el creador del término «hábitos atómicos», James Clear. Para quien no conozca el concepto, se refiere a esos cambios pequeños en el día a día que generan grandes cambios. Él dice que son «tan pequeños como una partícula, pero tan poderosos como un tsunami».

Digamos que se trata, al menos en mi caso, de convertir el orden en aliado —¿cuánta energía se puede desgastar al día cuando buscas y rebuscas algo que no encuentras precisamente porque no está en su sitio?—, y no en enemigo. Todo para que los niveles escasos de energía que manejamos no se malgasten poniendo orden entre una marabunta de ropa y cosas apiladas, sino que sea algo que se mantiene poco a poco. Hay que evitar sobre todo ese punto en el que ya el desorden es tal que, como no sabes ni por dónde empezar, acumulas en vez de ordenar.

En mi particular peregrinaje por buscar alternativas que me hagan la vida más fácil, me gustaría encontrar el punto medio entre el concepto de orden que tengo yo y que me aporta paz mental y el que tiene el resto de mi familia. Claro que ver todo en su sitio sea para mí como tomarme una valeriana no significa que para que el resto lo sea. Es cierto (no lo digo yo, lo dicen muchos estudios) que aligerar el ruido visual es otra manera de aligerar la carga mental, precisamente porque ese exceso de estímulos que tiene nuestro cerebro cuando ve un espacio desordenado puede provocar una subida de cortisol porque ese cúmulo de cosas se presenta como tareas inacabadas que abruman nuestra corteza cerebral.

Debemos empezar a asumir que no podemos obsesionarnos si un día, o varios, no está todo inmaculado.

## 5 estrategias fáciles

Teniendo todo lo anterior en mente (y mi necesidad de llegar a ese punto medio en el que el orden me de paz mental pero no convierta mi casa en una batalla campal porque no nos ponemos de acuerdo en los niveles de satisfacción que puede generar), le he pedido a Alicia unos cuantos consejos para que el orden juegue a nuestro favor, y estos son los que me ha dado:

### 1. Cestas y cajas para evitar el ruido visual

Es una de las recomendaciones que con más frecuencia repite: optar por cestas, cajas o soluciones de almacenamiento prácticas para mantener solo lo esencial a la vista. También confirma que el exceso de estímulos visuales, como espacios saturados, objetos fuera de su lugar o acumulación de cosas dan lugar al ruido visual. Y todo ese desorden nos afecta emocionalmente, dificultando la calma en nuestro hogar y la concentración (no lo digo yo, lo dicen los *clean influen-*

*cers* y los estudios). Así que a partir de ahora la sección de cestas de Zara Home y la de organizadores de Amazon será mi favorita, aunque siempre teniendo presente otra recomendación que oí a otros de mis expertos en orden favoritos, los minimalistas Joshua Fiekds Millburn y Ryan Nicodemus: deshacerse de lo que no se necesita o se usa antes de guardarlo en cajas para que estas no acaben «acogiendo cosas destinadas a morir y convertirse en una especie de ataúdes desordenados».

## 2. Guardar cada cosa en su lugar

Si eres madre, tía, abuela, te sonará la mítica canción infantil *A guardar, a guardar, cada cosa en su lugar*. Pues esta estrategia va precisamente de eso, pero en versión adulta. Cuantas menos cosas estén fuera de su lugar, más rápido harás las tareas del hogar. Y colocar las cosas en su lugar en el momento evitará tener que reorganizar después. Es fácil pensar que ya lo haré después, pero al final el «despacito y con buena letra» en materia de orden implica también colocar las cosas en el momento (y en el mismo lugar, para no perder tiempo y energía después buscando). Así, como dice Alicia, no solo mantendremos nuestros niveles de energía a raya, sino que tendremos más tiempo para dedicárselo a la familia, a los amigos y a una misma (también para descansar).

«Por ejemplo, si recoges una lavadora, dobla al instante la ropa y la que puedas colocar, colócala», afirma Alicia. Una recomendación que me recuerda a la famosa regla de los dos minutos que repiten los expertos en tiempo y organización para dejar de procrastinar. Consiste en ejecutar cualquier tarea que se pueda resolver en menos de ese tiempo y hacerla para aliviar así la carga mental. «Te sorprendería saber cuántas cosas estratégicas requieren solo dos minutos de acción», dijo el inventor de esta norma, David Allen.

## 3. Practicar el minimalismo material

Otra regla de oro de experto en la materia que nos ocupa: menos cosas es igual a menos desorden. Así que revisar de manera regular lo que ya no usamos y donar o reciclar lo que ya no necesitamos, incluso antes de traer algo nuevo a casa, es fundamental. Es el famoso «Si algo entra, algo sale», que mucha gente practica a la hora de decidir comprarse una nueva prenda de ropa, un bolso, unos zapatos. Y el clásico «poner orden» de manera periódica revisando cajones y armarios que pueden sepultar cientos de objetos que ya no usamos, entre otras cosas, porque ni sabemos que tenemos.

## 4. Hábitos pequeños para evitar grandes dramas

De la misma manera que hablábamos de automatizar ciertas decisiones diarias para ahorrar energía, en el tema del orden pasa algo parecido. Podemos dedicar un día a la semana y poner la casa patas arriba un sábado cualquiera para limpiar y ordenar todo lo que no hemos hecho durante la semana (mis amigas lo llaman «día de zafarrancho»). O podemos intentar el «un poquito cada día» e instaurar ciertos hábitos pequeños para mantener el orden a diario sin tener que dedicar un día entero, casi de 9 a 9, para poner orden. Al final, como dice Alicia, se trata de focalizarse en hábitos pequeños y consistentes porque se convierten en rutinas que se hacen automáticamente. Y eso termina ahorrándonos mucha energía mental, que es de lo que se trata. Lo necesitamos tanto...

### 5. Practicar la regla de los cinco minutos al final de cada actividad para recoger

Algunos lo llaman «resetear los espacios que usamos»: en otras palabras, recoger lo que se ha usado en el momento. He aquí algunos ejemplos: dedicar cinco minutos a poner la mesa y la cocina en orden; guardar los juguetes cuando tus hijos terminan de jugar; recoger la mesa de trabajo después de una jornada intensa en la que has usado papeles, libros y lápices. Son pequeños gestos que, si se hacen constantemente, reducen el trabajo acumulado y, sobre todo, la carga mental.

A mí me gusta hacer este reseteo especialmente por la noche; antes de irme a la cama coloco los cojines del sofá, limpio la encimera de la cocina, recojo las cosas que han quedado por medio en las habitaciones de mis hijas... Como dice la experta en temas de bienestar y hábitos Mel Robbins, hacerlo es «como tirar de la cadena del inodoro», una especie de borrón y cuenta nueva de cara al día siguiente para no irse a la cama con la sensación de que vas a tener que empezar el día ya realizando tareas y trabajando más de la cuenta.

# Epílogo
## Conclusiones de una mujer cansada aprendiendo a descansar

No negaré que mientras he escrito este libro he hecho algunas de esas cosas que los expertos que han intervenido en él me han desaconsejado con ahínco: le he robado horas a mi sueño para escribir; me he autoexigido un poco más de lo habitual para «llegar a todo»; he comido regular porque, ya se sabe, cuando se duerme poco y mal, las decisiones que se toman al día siguiente son poco acertadas (también frente a la mesa); he tenido un poquito más de estrés de lo habitual por sumar a mi rutina otro proyecto más...

Sin embargo, mientras termino estas líneas, tengo la sensación de haber aprendido muchas cosas, pero sobre todo una fundamental para nosotras, las mujeres cansadas. He aprendido a descansar. Y tengo la sensación de que mi propósito de intentar cambiar es más real que nunca. A modo de resumen y como ejercicio de toma de conciencia de todo lo aprendido, he aquí algunas conclusiones, con propósito de cambio, que me llevo de esta experiencia.

## Mi liturgia de los domingos es sagrada

Y no, no me refiero a temas de fe, sino a configurar este día de la semana que durante tanto tiempo tanta pereza y apatía me ha causado para que el objetivo real sea parar. Y disfrutar del no hacer nada, en lugar de convertirlo en un día pensado únicamente para hacer cosas anticipando la semana (ordenar, planchar, limpiar...).

Desde hace algún tiempo intento que las tareas domésticas pendientes no se queden para el final del domingo, las reparto durante el fin de semana para obtener un día para recargarme: voy a una clase de pilates, doy un paseo y prácticamente he convertido en mantra tumbarme en el sofá un par de horas al menos para ver una película o un par de capítulos de esa serie que entre semana no consigo ver porque me duermo.

No hay nada más productivo y más sano que parar y no hacer nada. Puedo prometer y prometo que cambiar el famoso «síndrome del domingo por la tarde» es posible y necesario.

## Recordarme cada día que mi bienestar depende de mí

Dejar nuestro bienestar en manos ajenas es un error, pero era algo que yo hacía de manera habitual. Vivir la vida como una especie de maratón y esperar que sean mis jefes, mi marido o mi madre los que me ayuden a parar no tiene sentido. De hecho, dar por sentado que los demás tienen que darme permiso para descansar me ha hecho enfadarme mucho, con ellos y conmigo misma.

Y me he dado cuenta de que no está bien por mi parte. Hacer mucho esperando la recompensa de los demás, la palmadita en la espalda, sin dar importancia a mi autocuidado, no me lleva a ninguna parte. Solo a la queja. Así que estoy intentando priorizarme y dedicarme más momentos de autocuidado para mí. No tienen por qué ser grandes planes (seamos realistas), sino, como decía mi querida Bárbara Tovar, estar un poco de vacaciones un lunes cualquiera: ya sea disfrutando de las sensaciones que provoca el agua caliente de la ducha, de un café a solas nada más levantarme, agendando una merienda con una amiga... Si no lo hacemos nosotras por nosotras mismas, nadie lo hará.

## Hablarme (mucho) mejor

Me ha costado entender que soy la persona con la que más tiempo paso a lo largo del día y con la que estaré toda mi vida. Así que puede que prestar atención a la relación más larga y sólida que voy a tener debería ser otra prioridad. Como dijo Diane von Furstenberg, «cuando una mujer se convierte en su mejor amiga, la vida es más fácil».

Empezar a hablarme como hablo a mis amigas es algo necesario: no pasa nada si un día que está diluviando en lugar de ir a ver el partido de fútbol de mi hija me quedo en casa porque ya va mi marido. No me sentiré mal por ello ni me lo reprocharé.

Tampoco será el fin del mundo equivocarme en el trabajo o no estar todo lo fluida y rápida que me hubiera gustado en esa reunión en inglés que me quitaba el sueño. Como le diría a cualquiera de mis compañeras, soy humana. Hace tiempo una psicóloga me dijo incluso que era bueno hasta hacer listas con nuestros defectos y nuestras virtudes para empezar a mejorar nuestra actitud hacia nosotras mismas.

## Disfrutar de mis reglas a la hora de vestir

Por fin he asumido que no pasa nada por vestir de negro y gris prácticamente a diario, ni por repetir combinaciones de ropa con las que me siento bien y favorecida. Ni tampoco por no comprarme el vestidazo cuando tengo una boda (que nunca me pondré) y decantarme por algo más sencillo y cómodo que no se quedará arrinconado en el armario el resto de mis días. Son mis reglas a la hora de vestir y lo que me hace ahorrar energía en mi día a día.

No es una recomendación universal porque hay muchas personas que disfrutan de lo lindo decidiendo cómo crear un look diferente cada día. Pero no es mi caso. Para mí la decisión de qué ponerme me estaba restando energía y, como dicen los expertos, cuando se toman muchas decisiones disminuye la capacidad para hacer buenas elecciones a medida que nos cansamos. Así que en mi caso prefiero no malgastar mi energía en eso. Además, aunque lo intente, acabaría recurriendo al vestido negro. Nunca me falla.

## Dejar de buscar la perfección en todo

La autoexigencia y búsqueda de perfección nos viene de serie a las mujeres, algo que alimentan aún más las vidas irreales de Instagram. Pero es tan agotador buscarla que estoy intentando rebajar mi nivel de excelencia con el objetivo de hacer las cosas bien, pero no necesariamente perfectas. Al final, en ese camino hacia la perfección me voy dejando cosas que afectan directamente a mi bienestar.

Mi próximo objetivo de vida es, literalmente, hacer menos para vivir mejor. La vida no debería ser una maratón eterna, aunque a veces lo parezca. Suficiente también está bien.

## Leer más, vivir más

No me extraña que haya ya un día para la abstinencia digital y hasta aplicaciones de móvil para dejar de mirarlo. Tremenda paradoja, por cierto. Dicen que miramos el móvil entre 50 y 80 veces al día (poco me parece, la verdad). Soy de las que ya no sabe esperar un minuto al metro sin sacar el móvil, ni pararse en un semáforo sin consultar el email (como si eso de verdad fuese a cambiar algo). Y esa relación de dependencia con el móvil —estoy plenamente de acuerdo con los que dicen que «el *scrolling* es el nuevo tabaco»— también nos cansa mucho físicamente.

Por eso estoy intentando llevar a cabo pequeños cambios: bajo al perro dejando el teléfono premeditadamente en casa para disfrutar de quince minutos sin él y dedicarme a la vida contemplativa (y defenderme mejor de los tirones que da mi perro cuando ve a otro); voy al gimnasio sin el móvil para evitar que al terminar mi relajante clase de pilates lo primero que haga sea sacarlo. En definitiva, estoy en pleno proceso para intentar vivir más: leer más, disfrutar más de las sobremesas, de las conversaciones eternas con los cinco sentidos puestos y ningún móvil de por medio. Es el secreto de la longevidad, dicen, pero, sobre todo, del bienestar.

## Dejar de procrastinar el momento de irme a dormir

Es cierto. No me tomo en serio el sueño. Y, sin embargo, es el recurso más rápido, barato y efectivo para sentirme menos cansada. Hasta ahora me refugiaba en la falta de tiempo y en la necesidad de hacer cosas que me gustan, como ver una serie en la cama o entregarme a la búsqueda incesante en el móvil de cosas sin sentido, para retrasar el momento de irme a la cama (también existe la procrastinación en este sentido).

Pero sin sueño, ni la multitarea, ni la eficiencia, ni el buen humor existen. Y como voy a intentar que a lo largo de mi día haya alguna actividad placentera entre tanta lista de tareas —ya sabéis, convertir lo ordinario en extraordinario y priorizar el autocuidado en nuestra agenda—, no voy a tener que retrasar el momento de dormir porque ya me habré dedicado algo de tiempo durante el día. Ese ratito para mí será como el salario mínimo interprofesional, un mínimo imprescindible al que no se puede renunciar bajo ningún concepto.

Además, mientras escribo estas líneas, leo una afirmación rotunda de mi querido doctor Vicente Mera en una nota de prensa: «La privación del sueño prolongada (menos de seis horas durante una década) puede reducir la esperanza de vida en hasta un año debido a su impacto en el sistema cardiovascular y metabólico, tal y como se ha recogido en un estudio publicado recientemente en *The Lancet*. Y otro estudio publicado en *Nature Communications* en 2023 concluyó que dormir menos de seis horas por noche de manera crónica está asociado a un mayor riesgo de desarrollar demencia en edades tempranas».

Así que voy a intentar dormir al menos treinta minutos más cada día. De ahí para arriba. Total, no habrá nadie en mi lecho de muerte recordándome que dejé de responder un email por dormir media horita más.

## No sentirme culpable por todo

El sentimiento de culpa es algo que también nos viene de serie a las mujeres, y que suele multiplicarse cuando eres madre y te sientes mal, muy mal, cuando por ejemplo quieres salir de casa para irte a trabajar y deseas con todas tus fuerzas que tu bebé no se despierte ni llore para que puedas llegar a tiempo a la oficina. No estás pidiendo mucho, tan solo llegar puntual a tu puesto de trabajo, ni siquiera a una cita con amigas. Pero la culpa siempre está ahí.

Creo que la mayoría de las mujeres la sentimos de una u otra manera de forma constante. Y eso nos agota. En mi caso, ya estoy empezando a trabajarlo, y si decido cancelar un plan para quedarme viendo una serie en casa porque lo necesito o porque me apetece, o digo que no puedo llegar a algo en el trabajo, estoy intentando que el runrún mental que puede acarrearme haber dicho que no a algo no me dure días.

Como me dijo en cierta ocasión la psicóloga Sara Noheda, «el origen de este sentimiento radica en querer llegar a todas las actividades que tenemos en nuestra agenda y eso es imposible. Si no empiezo a ser realista con la cantidad de cosas que realmente puedo hacer, me saturo la agenda y vuelvo a cometer el mismo error: angustiarme porque no llego». Asumir que no puedo llegar a todo y que no puedo ser perfecta en todo momento y en todos los ámbitos de mi vida aligerará sin duda esa carga.

Todo esto no pretende ser una lista de propósitos sin más, es una enumeración de reflexiones con vocación de cambio y, sobre todo, de descanso. Cambiar costumbres e iniciar nuevos hábitos cuesta.

El viaje hacia una vida más descansada no ha hecho más que empezar. Pero nos merecerá la pena, queridas mujeres cansadas.

Si este libro te ha ayudado, al menos, a ser consciente de que hay muchas cosas que están en nuestra mano para hacernos la vida más fácil, ya me doy por satisfecha. El caso es comenzar.

# Agradecimientos

Dicen que la gratitud mejora el bienestar y la salud, y estoy totalmente de acuerdo. Dar las gracias es una especie de antídoto para casi todo, también contra el protagonista de todo esto, el cansancio. No cuesta nada y aporta mucho. Por eso, al finalizar este proyecto, mi primer libro, se me vienen a la cabeza todos esos nombres a los que tengo mucho que agradecer. Por haberme ayudado, por haberme apoyado y por haberme sostenido cuando creía que nunca acabaría de escribir (las primeras veces siempre cuestan).

El orden de estos agradecimientos no altera el producto, porque las gracias no entienden de podios o escalas. Empezaré por todas las personas maravillosas y profesionales que habéis dedicado vuestro tiempo a formar parte de este libro. Habéis compartido vuestro saber conmigo y sin vosotros y vosotras no hubiese sido posible. Siempre lo digo, qué sería de mí como periodista sin vuestra generosidad compartiendo todo vuestro conocimiento. Perdonad por los wasaps intempestivos para aclarar mis dudas o mis emails con listados eternos de preguntas. Siempre me gustó tenerlo todo claro.

Gracias a mis compañeras y compañeros de *Vogue,* mi segunda casa, con los que comparto muchas cosas, no solo horas en el día. Gracias por nuestras conversaciones inspiradoras, nuestros intercambios de opiniones y vuestro cariño siempre. Sois parte de mi familia.

Gracias infinitas a Silvia, Inés, Ceci, María, Natalia y Verónica, que me habéis dado mis primeras oportunidades, que habéis creído en mí desde el primer momento. Gracias por vuestro cariño, aliento, y por hacerme creer que es posible. Soy muy feliz escribiendo gracias a vosotras.

Gracias, por supuesto, a mis tres hijas, Carla, Eva y Blanca, porque me habéis hecho experimentar sentimientos maravillosos desde que nacisteis y porque cada día aprendo de vosotras. Ser madre es un trabajo a tiempo completo. Y, como dijo Rachel Cusk en su libro del mismo título, *Un trabajo para toda la vida,* pero sin duda es lo mejor que me ha pasado nunca. Gracias por vuestros abrazos por sorpresa cada mañana, por vuestras risas, por vuestros «Mami, te adoro», por vuestro cariño incondicional. Todo ello me hace muy feliz (y me hace estar menos cansada).

Gracias a mi compañero de viaje, David, por recorrer todo este camino a mi lado, por ayudarme, acompañarme, por sacarme del atolladero cuando me agobio (algo que ocurre todos los días, si el *overthinking* tuviera nombre de persona llevaría el mío). Y por hacerme reír siempre, incluso en mis momentos de crisis. Que no nos falten nunca las risas, por favor.

Gracias a mi madre y a mi suegra, las abuelas. Gracias por vuestro amor sin límites y vuestra ayuda llena de cariño (y buenas caras) con la logística y el reto que supone conciliar. Lo sabéis, somos una familia de siete.

Miro al cielo para dar las gracias a mi padre. Aunque te marchaste demasiado pronto y nos han quedado muchas cosas (demasiadas) por vivir juntos, siempre serás mi referente.

Gracias, por supuesto, a todo el equipo de Penguin Random House, y en especial a Beatriz, Guadalupe, Sara y Lucía por estar tan cerca. Gracias por vuestro cariño, profesionalidad, dedicación y esfuerzo para que estas páginas sean una realidad.

Y un GRACIAS con mayúsculas a vosotras, queridas lectoras, que en tiempos de adrenalina rápida en forma de *reels* de TikTok y *quotes* virales de Instagram habéis decidido parar y leerme. Espero que todo esto sea el comienzo de un camino hacia una vida un poco más presente. Soy consciente de que no es lo mismo teorizar que cambiar de verdad. Nadie dijo que fuese fácil, pero merecerá la pena.

# Fuentes documentales


Álava Reyes, María Jesús, *La inutilidad del sufrimiento*, Madrid, La Esfera de los Libros, 2009.

Albares, Javier, *La ciencia del buen dormir*, Barcelona, Península, 2023.

Alcocer, Violeta, *Auténticas impostoras. Todo lo que las mujeres fingimos y el elevado precio que pagamos por ello*, Barcelona, Roca Editorial, 2024.

Allen, David, *Organízate con eficacia. El arte de la productividad sin estrés,* trad. Martín Rodríguez-Courel Ginzo, Barcelona, Empresa Activa, 2024.

Bloomberg, Mikaela, Lara Brocklebank, Mark Hamer y Andrew Steptoe, «Joint associations of physical activity and sleep duration with cognitive ageing. Longitudinal analysis of an English cohort study», en *The Lancet Healthy Longevity,* University College of London, 2023.

Buettner, Dan, *Vivir 100 años. Los secretos de las zonas azules,* miniserie documental, Netflix, 2023.

Cencerrado, Alejandro, «Más trabajo, más ansiolíticos. La economía va bien, nuestras vidas no tanto», *El País* (edición digital), Madrid, 27 de septiembre de 2024, <https://elpais.com/salud-y-bienestar/2024-09-27/mas-trabajo-mas-ansioliticos-la-economia-va-bien-nuestras-vidas-no-tanto.html>.

Clear, James, *Hábitos atómicos. Cambios pequeños, resultados extraordinarios*, trad. Gabriela Moya, Barcelona, Diana, 2020.

Congost, Silvia, *Autoestima automática. Cree en ti y alcanza tus metas*, Barcelona, Zenith, 2015.

Cusk, Rachel, *Un trabajo para toda la vida. Sobre la experiencia de ser madre*, trad. Catalina Martínez Muñoz, Barcelona, Libros del Asteroide, 2023.

Dalton-Smith, Saundra, *Sacred Rest. Recover Your Life, Renew Your Energy, Restore Your Sanity*, Nueva York, FaithWords, 2017.

D'Avella, Matt, *The Minimalists. Less Is Now*, documental, Netflix, 2021.

Eizaguirre, Amagoia, *El pequeño libro de los hábitos saludables. Transforma tu vida a través de pequeños gestos. 65 hábitos para el cuidado del cuerpo, la mente y el alma*, Barcelona, Alienta, 2022.

Esteve, Laura, Albert Navarro-Giné, Mariona Portell Vidal y Pedro Ferrer Rosende, «Consumir para trabajar. Consumo de psicofármacos y analgésicos por motivos laborales y potenciadores del rendimiento laboral en la población asalariada española», grupo de investigación POWAH, Universitat Autònoma de Barcelona, Cerdanyola del Vallès, 2023.

Estivill, Eduard y Carla Estivill, *El método tokei. Cómo poner en hora tu reloj interno para vivir con salud, energía y optimismo*, Barcelona, DeBolsillo, 2023.

Fernández, Jana, *Aprender a descansar. El método de las 7D para cuidar tu bienestar físico, mental y emocional*, Barcelona, Plataforma Editorial, 2023.

Florsheim, Lane, «Dakota Johnson Likes to Sleep for 14 Hours a Night», en *The Wall Street Journal* (edición online), 11 de diciembre de 2023, <https://www.wsj.com/style/dakota-johnson-shere-hite-museum-f652cac6>.

García Cruz, Rubén, Andrómeda Ivette Valencia Ortiz, Allan Hernández-Martínez y Tania Esmeralda Rocha Sánchez, «Pensamiento rumiativo y depresión entre estudiantes universitarios. Repensando el impacto de género», en *Revista Interamericana de Psicología,* San Juan (Puerto Rico), 2017.

Horne, Jim, *Sleepfaring. The Secrets and Science of a Good Night's Sleep,* Oxford, Oxford University Press, 2006.

Ibáñez, Ana, *Sorprende a tu mente. Entrena tu cerebro y descubre el poder de transformar tu vida,* Barcelona, Planeta, 2023.

James, William, *The Principles of Psychology,* Nueva York, Henry Holt and Company, 1890, vols. 1 y 2.

Jiménez, Natalia, *Ponte en tu piel. Consejos sobre* skincare *y estilo de vida para lucir una piel sana y bonita,* Barcelona, Aguilar, 2022.

Koncious, Jura, «Marie Kondo's life is messier now. And she's fine with it», en *The Washington Post* (edición digital), 26 de enero de 2023, <https://www.washingtonpost.com/home/2023/01/26/marie-kondo-kurashi-inner-calm/>.

Laboratorios Bayer, «Sueño & Mood de percepción sobre rutinas del sueño y su impacto en el día a día de los españoles», Barcelona, 2024.

Lululemon Athletica Inc, «Global Wellbeing Report 2024», septiembre de 2024.

Martínez, María, *Vivir en modo kaizen. Siente el poder de hacer ahora aquello que depende de ti,* Barcelona, Alienta, 2022.

Melchor, Xurxo, «Aitana Sánchez-Gijón. Esa vocación de servicio, de cuidadoras, termina pasando factura a las mujeres», en *La Voz de Galicia* (edición digital), Ourense, 19 de septiembre de 2024, <https://www.lavozdegalicia.es/noticia/ourense/2024/09/20/vocacion-servicio-cuidadoras-termina-pasando-factura-mujeres/0003_202409O20C6994.htm>.

Mera, Vicente, *Joven a cualquier edad. El método definitivo para una vida larga, saludable y feliz,* Madrid, HarperCollins Ibérica, 2023.

Ministerio de Sanidad, Informe Anual del Sistema Nacional de Salud 2023, Madrid, 2024.

Orlowski, Jeff, *The Social Dilemma,* documental, Netflix, 2020.

Ossorio, Miguel Ángel, «Qué son los *dumbphones,* los "teléfonos tontos" que ganan adeptos», nota de prensa, Universitat Oberta de Catalunya, Barcelona, 18 de diciembre de 2024.

Parada, Laura, *¿Qué nos mueve a comer así? El vínculo entre la nutrición y la salud mental desde una perspectiva sociocultural,* Barcelona, Universo de las Letras, 2024.

Peck, M. Scott, *El camino menos transitado. Una nueva psicología del amor, los valores tradicionales y el crecimiento espiritual,* trad. Alfredo Báez, Barcelona, Vergara, 2019.

Sharma, Robin, *El club de las 5 de la mañana. Controla tus mañanas, impulsa tu vida,* trad. Rita Zaragoza Jové *et al.,* Barcelona, Grijalbo, 2018.

Sociedad Española de Neurología, «El 48 por ciento de la población adulta española y el 25 por ciento de la población infantil no tiene un sueño de calidad», nota de prensa, Madrid, 15 de marzo de 2024.

Stanley, Neil, *How to Sleep Well. The Science of Sleeping Smarter, Living Better and Being Productive,* Chichester, Capstone, 2018.

STANPA, «Cultura del bienestar. Esencialidad de la perfumería y la cosmética», Madrid, 2025.

Suni, Eric, y Dimitriu Alex, «What Is "Revenge Bedtime Procrastination"?», en *Sleep Foundation,* 8 de diciembre de 2023, <https://www.sleepfoundation.org/sleep-hygiene/revenge-bedtime-procrastination>.

Tseng, Julie, y Jordan Poppenk, «Brain meta-state transitions demarcate thoughts across task contexts exposing the mental noise of trait neuroticism», *Nature Communications,* 2020.

Vázquez, Anabel, «El viajazo (XII). El veraneo de toda la vida», en *Condé Nast Traveler* (edición digital), Madrid, 9 de agosto de 2024, <https://www.traveler.es/articulos/el-viajazo-veraneo-de-toda-la-vida>.

Viña Bas, Isabel, *Tus amigas las hormonas,* pódcast, Apple Podcast.

Wiking, Meik, *Hygge, La felicidad en las pequeñas cosas,* trad. Laura Casanovas, Barcelona, Cúpula, 2017.

VIOLETA ALCOCER
AUTÉNTICAS
IMPOSTORAS
Todo lo que las
mujeres fingimos y
el elevado precio que
pagamos por ello
Rocaeditorial

Desde tiempos inmemoriales, las mujeres hemos aplicado diversas estrategias para sobrevivir a las expectativas sociales, a menudo a costa de nuestra salud física y mental. La principal ha sido la impostura, un recurso omnipresente: asentimos, sonreímos, cedemos, callamos y fingimos para encajar en un mundo que no siempre nos ha comprendido.

Pero cada una de esas mentiras, hábilmente tejidas, revela una verdad esencial sobre nosotras mismas y marca las ausencias que nos han definido. ¿Dónde estábamos nosotras mientras otros brillaban en el escenario de la vida? Probablemente, disimulando.

A través de un análisis profundo de la imagen femenina, el cuerpo, la sexualidad, el acceso al poder y más, este libro ofrece un espejo donde cada mujer puede reconocerse y encontrar las herramientas para liberarse del conformismo.

**Es el momento de descubrir quiénes somos.
De ser auténticas más allá de las imposturas.**

«Para viajar lejos no hay mejor nave que un libro».

EMILY DICKINSON

# Gracias por tu lectura de este libro.

En **penguinlibros.club** encontrarás las mejores
recomendaciones de lectura.

Únete a nuestra comunidad y viaja con nosotros.

penguinlibros.club

Penguin
Random House
Grupo Editorial

penguinlibros